Steven Van Belleghem

QUANDO O DIGITAL SE TORNA HUMANO:

A transformação na relação com o cliente

TRADUÇÃO
UBK Publishing House

ubook UBK Publishing House

Publicado mediante acordo com Kogan Page Limited. Edição original do livro *When Digital Becomes Human: The transformation of customer relationships*, publicada por Kogan Page Limited.

COPIDESQUE	Anna Beatriz Seilhe
REVISÃO	Iana Araújo e Juliana Bianco
ADAPTAÇÃO DE CAPA	George Lima
CAPA	Kogan Page Limited
DIAGRAMAÇÃO	Abreu's System

Dados Internacionais de Catalogação na Publicação (CIP)
(Câmara Brasileira do Livro, SP, Brasil)

Belleghem, Steven Van
Quando o digital se torna humano : a transformação na relação com o cliente / Steven Van Belleghem ; tradução UBK Publishing House. – Rio de Janeiro : Ubook Editora, 2020.

Título original: When digital becomes human : the transformation of customer relationships
ISBN 978-65-990171-2-4

1. Atendimento ao cliente 2. Autoajuda 3. Clientes – Atendimento 4. Cliente – Satisfação – Avaliação 5. Comércio eletrônico 6. Inteligência empresarial 7. Marketing – Administração 8. Relações com os clientes I. Título.

20-33902 CDD-658.812

Índices para catálogo sistemático:
1. Clientes : Atendimento : Administração de empresas 658.812

Maria Alice Ferreira – Bibliotecária – CRB-8/7964

Ubook Editora S.A
Av. das Américas, 500, Bloco 12, Salas 303/304,
Barra da Tijuca, Rio de Janeiro/RJ.
Cep.: 22.640-100
Tel.: (21) 3570-8150

SUMÁRIO

Agradecimentos

Este é o meu terceiro livro sobre gestão. Em cada ocasião, colocar os meus pensamentos no papel foi um processo muito emocional. A alegria que você sente ao enviar o manuscrito para avaliação de especialistas, familiares e amigos é como nenhuma outra no mundo. Gostaria de agradecer a todos que me ajudaram direta ou indiretamente a tornar possível a conclusão deste livro. Obrigado também a todos os leitores que se deram ao trabalho de ler o resultado. Espero que seja uma fonte de inspiração para todos vocês.

Em particular, devo começar por agradecer à minha leitora mais importante, a minha esposa Evi Seymortier. Evi e eu trabalhamos juntos na nossa própria empresa desde 1º de janeiro de 2014. É uma experiência fascinante e agradável. Obrigado, Evi, pela sua avaliação crítica do primeiro e subsequentes rascunhos e pelas opiniões honestas em todos os momentos. Obrigado também aos nossos dois filhos, Siebe e Mathis, que nos divertiram e entretiveram durante todo o processo de escrita. Sem saber, foram uma inspiração para nós dois.

Também estou em dívida para com os meus outros leitores críticos: Bart De Waele (CEO, Wijs), Chris Van Doorslaer (CEO, Cartamundi), Rudy Moenaert (professor de marketing na TIAS School for Business and Society), Gino Van Ossel (professor de marketing na Vlerick Business School), Harry De Mey (CEO, LDV United), Sam Berteloot (CEO, Sports Ad-X) e meu pai, Pol Van Belleghem. Os comentários de vocês foram inestimáveis e ajudaram a tornar este livro muito melhor. Um grande, grande obrigado a Peter Hinssen por escrever o prefácio. Sinto-me honrado. Obrigado também pelas suas sugestões e pelos momentos memoráveis de colaboração. Eles forneceram a inspiração que eu precisava para dar forma à minha história.

Este livro foi fortemente influenciado pelos meus próprios resultados de pesquisa. Por isso, sou muito grato aos meus parceiros de pesquisa, SSI (pela coleta de dados) e No-Problem (pelas traduções). O contínuo apoio e cooperação de vocês são muito importantes para mim.

Obrigado também aos meus antigos colegas da InSites Consulting. Os onze anos que trabalhei lá coloriram a minha vida e moldaram as minhas opiniões. Sou especialmente grato a Kristof De Wulf (CEO InSites Consulting) e Tim Duhamel (CSO InSites Consulting) pela ajuda e sugestões estimulantes.

Sou igualmente grato aos meus editores, Peter Saerens (Lannoo Campus), Roderik Teunissen (VanDuuren Media) e Melody Dawes (Kogan Page), pelo encorajamento ao longo do projeto.

E o que posso dizer sobre meus muitos clientes, amigos do Facebook e seguidores do Twitter? Vocês têm sido uma fonte de feedback e inspiração por anos. Gostei – e ainda gosto – de partilhar o meu tempo com vocês, todos os dias.

Por último, mas não menos importante, um grande obrigado a toda a minha família e amigos próximos pelo apoio que deram ao meu trabalho. Vocês não fazem ideia do quanto isso significa para mim!

Prefácio

"Tecnologia é um vetor", escreveu Kevin Kelly em seu excelente livro *Para onde nos leva a tecnologia*.[1] Conheci Kevin no final do século passado, quando ele era o chefe da *Wired*, a revista sobre revolução digital de leitura obrigatória. Nela, um grande elogio à digitalização era cantado a cada mês, com informações sobre as últimas tendências e *gadgets* e discussões fascinantes sobre seu impacto nas empresas e na vida das pessoas. Era uma ótima leitura. Mas chegou o momento em que Kevin estava farto de tudo. Ele foi visitar um bom amigo que vivia em uma comunidade Amish e ali permaneceu durante um mês inteiro. Um mês sem internet, sem telefone, sem eletricidade. Um mês longe da tecnologia.

"A tecnologia é um vetor." A frase ficou presa na minha mente. De acordo com Kelly, as pessoas são apenas pequenos jogadores – elas só têm um papel de coadjuvante na revolução digital. É uma ilusão pensar que as pessoas moldam a tecnologia – na realidade, é o contrário. Kelly concorda que a tecnologia precisa de pessoas antes que possa passar para o próximo estágio de seu desenvolvimento, mas isso não significa que as pessoas sejam o fator chave. Somos apenas os figurantes, os atores menores do drama que permitirá que a tecnologia se torne o que ela deve ser. É uma filosofia incomum, mas fiquei pensando nela.

Em 2015, serão exatos quinze anos desde a primeira bolha da internet. A queda resultante no valor das ações de tecnologia no índice NASDAQ levou muitas pessoas a acreditar que a revolução digital estava terminando. Como estavam erradas! Há quinze anos não havia smartphones ou tablets, nem Twitter ou Facebook. E você só podia ficar on-line por meio de um modem desajeitado que fazia barulhos engraçados. Não, a revolução digital ainda está bem viva.

A tecnologia está desempenhando um papel cada vez mais importante em todas as nossas vidas. É difícil ficar sem ela. Para a nova geração, tornou-se uma espécie de segunda língua (ou mesmo, por vezes, a primeira língua). Esta evolução não deverá abrandar nos próximos anos. Muito pelo contrário. Seria absurdo pensar que alcançamos o fim do caminho tecnológico, que Facebook ou Twitter, Instagram ou Snapchat são o auge do desenvolvimento digital. Estamos apenas começando. A tecnologia é um vetor. E vamos ajudá-la a se desenvolver ainda mais – muito mais.

Vivemos em um período fascinante. É a era da "inteligência sub-humana". Isso significa que a tecnologia ainda é um pouco mais estúpida do que nós. Mas não será o caso por muito mais tempo. Contei recentemente o número de aparelhos inteligentes que tenho na minha casa: três. O sistema de alarme é muito inteligente. E o drone também não é ruim. Depois há o cortador de grama. Facilita a minha vida, pois não preciso cortar a grama todos os sábados à tarde. Além disso, o robô cortador de grama também sabe quando está chovendo ou quando a grama está muito molhada. Da mesma forma, conhece os limites e as localizações das áreas a serem cortadas ou quando suas baterias precisam ser recarregadas. Isso é muito inteligente. Mas fica sempre preso no mesmo local contra a base da nossa mesa do terraço. Robô estúpido. Até as toupeiras do nosso jardim são mais espertas que ele.

Mas isso vai mudar em breve. As máquinas estão ficando mais inteligentes a cada dia que passa. Como regra geral, o seu nível de inteligência duplica a cada dezoito meses. O que significa que, em um futuro muito próximo, serão mais espertos do que as toupeiras. Em questão de anos, serão mais espertos do que nós, humanos. Isso é muito assustador. Ainda me lembro do primeiro computador que tínhamos em casa. Uma unidade única e autônoma. Agora todos na nossa família têm pelo menos quatro dispositivos ligados. A tecnologia é um vetor – e estamos evoluindo mais lentamente do que a tecnologia ao nosso redor.

O período de inteligência sub-humana está perto do fim. Em pouco tempo, a embalagem do seu novo computador, robô ou drone vai lhe dizer o quão inteligentes estes aparelhos se tornaram. Não haverá mais nenhuma referência à velocidade de processamento ou ao tamanho da memória. Essas coisas pertencem ao passado. Em vez disso, você vai ler algo parecido com "10% de inteligência humana". Em termos gerais, essa é a posição atual. Mas em breve será "50% de inteligência humana". E, quando chegarmos a isso, estaremos todos vivendo e trabalhando com máquinas que têm "1x de inteligência humana" ou até "2x de inteligência humana". Imaginem só: um cortador de grama que é duas vezes mais esperto do quc vocês.

É evidente que, nessa nova era digital, as interações humanas serão minoria. Mas, como resultado, serão mais valiosas. Pense no seu banco. Hoje em dia, quase nunca vou a um banco. Posso realizar minhas transações bancárias onde quiser, quando quiser e como quiser. E posso fazer tudo on-line. No passado, estava no meu computador; agora no meu smartphone. Isso me dá 100% de conveniência. Mas, se tenho um problema que me obrigue a telefonar para o meu banco, *detesto* que um computador fale comigo. "Tecle 3 para isso, tecle 2 para aquilo." Ah! Tudo pode ser digitalmente perfeito, mas, se eu tiver um problema, quero que um ser humano lide com ele – uma pessoa real, que possa me oferecer um contato humano real.

O momento em que o mundo digital irá dominar nossas vidas está se aproximando rapidamente, de modo que as interações humanas se tornarão mais raras. Mas, quando isso acontecer, o toque humano irá ter muito mais importância, por causa da sua capacidade de oferecer valor agregado significativo dentro da paisagem digital impessoal. Nos próximos anos, haverá um prêmio real nas interações humanas. Quando o digital se tornar humano, vamos precisar dele mais do que nunca.

Peter Hinssen

PARTE 1

Introdução

Introdução

OS HUMANOS SE TORNARAM DIGITAIS. É HORA DO DIGITAL SE TORNAR HUMANO

Todos adoram *E.T.: O extraterrestre.* Vi recentemente esse filme fantástico com os meus dois filhos pequenos. E, assim como qualquer pessoa, estávamos emocionados e com lágrimas nos olhos quando chegou o momento do E.T. se despedir de seu amigo humano, Elliott. Antes de *E.T.*, os extraterrestres eram sempre "maus". Não havia nada de humano neles. A sua própria "desumanidade", a sua falta de qualidades humanas, os tornava temidos. Esse filme mudou tudo isso. Ele era um extraterrestre com um lado caloroso e humano – o que era novo. Desde então, todos os "bons" alienígenas dos filmes tiveram esse mesmo aspecto humano. Todos gostam de *E.T.* Todos sentem simpatia pelo personagem. É um daqueles filmes que nunca será esquecido. As relações emocionais são fortes. O mesmo se aplica às relações de sucesso dos clientes do futuro: eles farão a diferença em virtude do seu conteúdo emocional. Mas a parte emocional de um relacionamento só pode funcionar se o seu lado racional e prático também funcionar sem problemas. As relações bem-sucedidas com os clientes do futuro serão, portanto, construídas sobre o *racional* (perfeição digital) e o *emocional* (o toque humano).

Hoje, a tecnologia é o sexto sentido para a grande maioria das pessoas. Dificilmente uma hora (ou às vezes apenas um minuto) passa sem que usemos alguma tecnologia. A tecnologia nos ajuda na nossa vida profissional, nos ajuda a desfrutar do nosso tempo livre e nos permite acompanhar as novidades à medida que estas se desenrolam. Ela está envolvida em cada passo da nossa vida diária. E nos próximos cinco a dez anos, a escala e o ritmo da digitalização aumentarão significativamente. Hoje, uma família média tem três *gadgets* ligados à internet. Até 2020, é provável que esse número aumente para um mínimo de 10. Telefones, carros, máquinas de café, sapatos, frigoríficos, tudo estará ligado à internet.

Esta rápida digitalização também terá impacto na relação entre consumidores e empresas. O relacionamento com o cliente será conduzido digitalmente do início ao fim e a diferença entre on-line e offline desaparecerá rapidamente. Os consumidores vivem em um mundo de autoatendimento, automação, uso de dados inteligentes e atendimento proativo ao cliente. Esse processo de digitalização já está se movendo rapidamente e a batalha para se manter à frente no jogo de relacionamento com o cliente é difícil. As empresas com origem on-line estão na liderança e estão se ancorando cada vez mais firmemente no mundo digital. A maioria das empresas com um fundo analógico estão atrasadas na digitalização das suas relações com os clientes. O seu futuro será incerto, a menos que consigam recuperar esse tempo perdido – e rápido.

Em um futuro relativamente próximo, o relacionamento com o cliente digital se tornará uma commodity. Quem não conseguir fazer a transição para o digital não conseguirá sobreviver. Mas mesmo as empresas que fazem essa transição com sucesso descobrirão que ela não é suficiente para conquistar corações e mentes do cliente. A transformação digital também obrigará as empresas a transformar as suas relações humanas. Que papel desempenhará o elemento humano nas relações com os clientes dentro de cinco anos? Será que o autoatendimento, a automação e os robôs vão dominar as relações com os clientes do futuro? As pessoas podem (por enquanto, pelo menos) ainda fazer algo que as máquinas não podem fazer: podem injetar emoção na relação com o cliente. Isso significa que, se as pessoas continuarem a desempenhar um papel nessa relação, é importante que o foco seja colocado de forma justa e direta na emoção. Um computador não pode (ainda) ser criativo, empático ou apaixonado. Mas as pessoas podem.

Este livro não é uma história sobre inovação disruptiva. Em vez disso, procura oferecer uma visão para a relação com o cliente do futuro. Mostrar como conseguir a digitalização da sua empresa da melhor forma possível. Ele o ajudará a fazer as escolhas sobre o seu futuro, que precisarão ser feitas após a digitalização bem-sucedida. O futuro é tanto digital *quanto* humano.

A ESTRUTURA DESTE LIVRO

Este livro é baseado em uma combinação de pesquisa e visão. Nos últimos anos, tive a sorte e o prazer de discutir o futuro das relações com diversos especialistas e empresas. Os resultados dessas conversas interessantes formam o núcleo do livro.

Além disso, também realizei três projetos de investigação para testar as hipóteses em que este livro se baseia:

1. *A economia do autoatendimento.*[2] Estudo de pesquisa global realizado em 2013 com 2.750 participantes. O estudo descreve a atitude dos consumidores em relação ao autoatendimento em todas as diferentes fases do processo de compra.
2. *O futuro das relações com os clientes.*[3] Estudo de pesquisa global realizado em 2014 entre 3.507 participantes, descreve a atitude dos consumidores em relação ao papel das pessoas na relação com o cliente.

3. *Pesquisas qualitativas e passeios no Vale do Silício.* Durante os últimos dois anos, eu fiz uma série de turnês de inspiração pelo Vale do Silício, com Peter Hinssen. Esses passeios nos deram um vislumbre do futuro. Porque o futuro já existe – você só deve estar preparado para procurá-lo e abraçá-lo. As ideias contidas neste livro se baseiam, em parte, em pesquisas, mas também nos impulsos mais importantes que emanam das empresas mais inovadoras e que criam tendências. Alguns elementos da nossa visão ainda não são apoiados por resultados de investigação conclusivos, mas sim, em uma firme convicção de que é assim que o futuro vai ser. Em suma, esses passeios alimentaram as minhas ideias sobre a moderna relação com o cliente e me deram a oportunidade de conduzir uma série de entrevistas com líderes em seus respectivos campos, incluindo CEOs na Disney, Coolblue e Cartamundi.

Como sempre, estou aberto a perguntas, feedback ou novos insights. Você pode me encontrar em **Steven@VanBelleghem.biz** ou no Twitter **@StevenVBe**.

Obrigado por ler o meu livro.

1
A RELAÇÃO DE CLIENTE DO FUTURO

ONDAS DIFERENTES SE FORTALECEM

O mundo está em constante evolução. E o nível de inovação aumentou drasticamente desde o início do século XX. Niall Ferguson, que segundo a revista *Time* é uma das 100 pessoas mais influentes do mundo,[4] está convencido de que a velocidade da inovação está ligada ao número total de pessoas que vivem no planeta. Se você colocar as curvas que mapeiam a evolução da inovação e a evolução da população mundial lado a lado, verá que elas apresentam claras semelhanças. Quanto mais pessoas houver, mais inovação geramos. Nas últimas décadas, já experimentamos essa velocidade. A introdução da internet, smartphones e tablets mudaram radicalmente o nosso mundo. No futuro, esse processo vai se intensificar a um nível nunca antes atingido. Os próximos cinco anos serão, sem dúvida, os mais espetaculares da longa história da evolução tecnológica. Pela primeira vez, veremos diferentes ondas essenciais de inovação tecnológica ocorrendo simultaneamente. Esses desenvolvimentos tecnológicos têm o potencial de transformar completamente a relação entre consumidores e empresas.

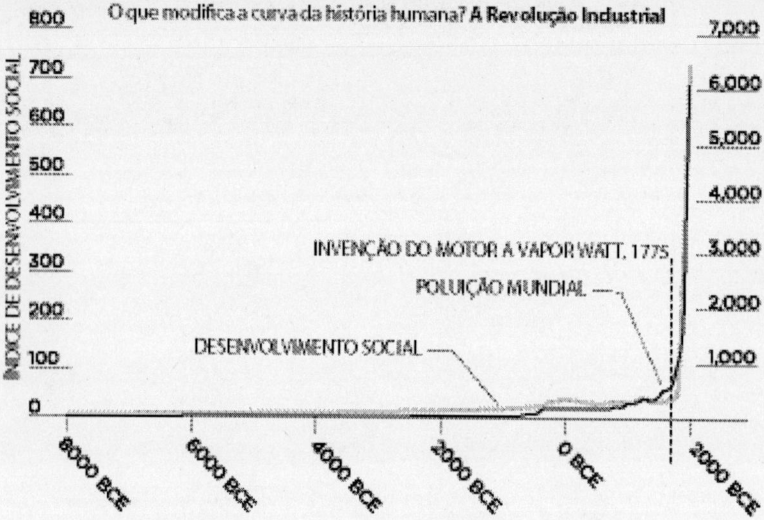

Figura 1.1 ***Crescimento econômico e crescimento demográfico***

ONDA 1: A EVOLUÇÃO MOBILE

A evolução da tecnologia mobile já percorreu um longo caminho, mas não está terminada. O ano de 2015 foi o primeiro ano em que mais tablets foram comprados do que computadores pessoais.[5] Quase todo mundo tem pelo menos um item de tecnologia móvel, mas as possibilidades para o uso de diferentes tipos de tecnologias móveis aumentarão exponencialmente nos próximos anos. Isso significará, entre outras coisas, velocidades de processamento mais rápidas, aplicativos mais inteligentes e outros dispositivos (como o *smartwatch*). Isso ajudará a criar um consumidor em tempo real, com foco na compra de produtos, saúde e experiências compartilhadas.

ONDA 2: A INTERNET DE TUDO

Outra evolução relacionada é a chamada "internet de tudo". Até 2020, o mundo estará cheio de tecnologia "conectada". Muitos produtos de uso diário serão ligados diretamente à internet através de sensores. É assim, por exemplo, que a escova de dentes inteligente da Philips funciona. Depois de ter limpado os dentes, a escova lhe dá uma pontuação para mostrar a eficácia da escovação. E antes que você perceba, sua escova de dentes também será capaz de marcar uma consulta com seu dentista.

ONDA 3: ROBÔS

Esta é outra área onde o ritmo da evolução tecnológica vai aumentar de forma drástica nos próximos anos. No passado, o uso de robôs era confinado aos processos de produção em grandes fábricas. Mas já é possível ver a introdução de tecnologias semelhantes em algumas casas. O número de robôs – cortadores de grama com operação automática – aumenta a cada semana. No futuro, os robôs também serão utilizados nas áreas de cuidados de saúde, entregas em domicílio e segurança doméstica.

ONDA 4: IMPRESSORAS 3D

O uso de impressoras 3D também está aumentando. Até 2020, uma impressora 3D de alta qualidade estará disponível a um preço acessível para a maioria das famílias médias. A tecnologia ainda precisa ser melhorada (especialmente em termos de tempo de impressão), mas progressos estão sendo feitos à velocidade da luz. A impressão 3D permitirá a cada consumidor criar a própria mini fábrica. Essa evolução vai decompor o limiar para quase todas as indústrias. De acordo com McKinsey, o mercado de impressão 3D valerá 550 bilhões de dólares até 2020.[6]

ONDA 5: INTELIGÊNCIA ARTIFICIAL

Essa é a última, mas não a menos rápida, onda em desenvolvimento tecnológico da próxima década. Os computadores de xadrez, que eram capazes de derrotar grandes mestres enxadristas, estavam entre os primeiros exemplos desta "inteligência artificial" (IA). E agora é como em 1997, quando o computador Deep Blue ganhou do campeão mundial Garry Kasparov. IA se refere a computadores que são tão inteligentes ou até mais inteligentes do que o cérebro humano. Se esta evolução continuar, em breve falaremos com operadores de call center dirigidos por computador, enquanto estamos convencidos de ainda falar com um ser humano real.

A CURVA DE ADOÇÃO MAIS CURTA

Quando os pesquisadores investigaram o interesse da população por telefones celulares, logo após o ano 2000, a resposta foi muito clara. Mais de oitenta por cento dos entrevistados disseram que não queriam um telefone celular, considerando-o um aparelho inútil e caro. Dez anos mais tarde, mais de noventa por cento da população já tinha um celular. Em meados de 2014, cinquenta por cento dos internautas já sabiam que o Google Glass existia,[7] 54 por cento já haviam ouvido sobre *smartwatches*, e 33 por cento eram familiarizados com a Nike FuelBand. E não é apenas a consciência dos gadgets tecnológicos que é alta – o interesse nesses gadgets também está em níveis recordes. Estimou-se que cinquenta por cento das pessoas inquiridas gostariam de ter um termostato inteligente, 51 por cento pensam que um carro conectado à rede é uma ideia interessante, e 41 por cento gostariam de ter uma geladeira inteligente. Há quinze anos, a tecnologia era para nerds. Hoje, a tecnologia é legal.

Se você quer estudar a adoção de novas tecnologias, há apenas um jeito de começar: o livro *Diffusion of Innovations* (2003), de Everett M. Rogers.[8] O modelo central em seu livro é a curva clássica de adoção.

Esse modelo identifica cinco grupos-alvo diferentes para a adoção da inovação. As inovações são primeiramente aceitas pelos *inovadores*, seguidos pelos *pioneiros*. Se a inovação for bem-sucedida com esses grupos, será aceita pela *maioria inicial*, seguida, por sua vez, pela *maioria tardia*. Finalmente, há o grupo de pessoas que nunca será conquistado: os *atrasados*.

A falta de sensibilização e o baixo nível de confiança nas novas tecnologias foram identificados como dois dos principais fatores que dificultam a rápida adoção de uma inovação pela maioria inicial. Hoje em dia, esse problema da "consciência" já não existe. As novas tecnologias são cada vez mais adotadas pela mídia, de modo que os níveis de conscientização pública aumentam muito mais rapidamente do que no passado. E, ao mesmo tempo, a facilidade de utilização de inovações como o iPhone e o iPad convenceu as pessoas de que as inovações podem funcionar de forma muito eficaz. Essas tendências aceleram o ritmo da adoção. Os cinco grupos-alvos de Rogers ainda devem existir, mas o tempo entre a adoção sucessiva de uma nova tecnologia tornou-se muito mais curto. Como resultado, a curva suave clássica se tornou muito mais íngreme, tanto para cima como para baixo. As inovações são captadas mais rapidamente, mas também são substituídas mais rapidamente por algo ainda mais novo. Consequentemente, as inovações tecnológicas estão se tornando cada vez mais produtos de penetração rápida.

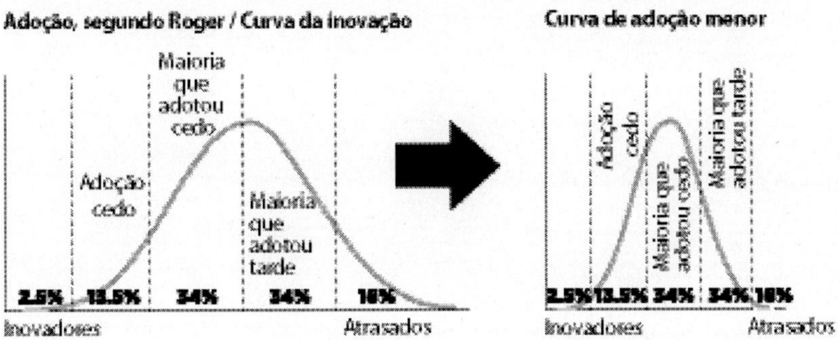

Figura 1.2 ***Comparação da curva de adoção antiga e nova***

DE #SELFIE A #DRONIE

Selfie foi a palavra-chave de 2013. Basta fazer uma rápida pesquisa no Google em "plane crash selfie" e clicar nas imagens. É espantoso. A internet está cheia de fotografias de pessoas cujo avião acabou de cair que tiveram como primeiro impulso tirar uma selfie de sua situação e postar para o mundo. Mas isso não é algo único; as situações em que as pessoas tiram selfies muitas vezes desafiam a imaginação de uma pessoa comum. A selfie teve seu ponto alto durante a cerimônia do Oscar, de 2014, quando a apresentadora de TV, Ellen DeGeneres, tirou uma selfie com um grupo de atores famosos, e o Twitter quase implodiu. Havia oitenta mil retweets nos primeiros três minutos e mais de 1 milhão durante a primeira hora após a selfie ter sido postada. Isso mostra que os consumidores evoluem rapidamente. Em 2012, a palavra *selfie* nem existia. No final de 2013 já era jargão cotidiano. Em outras palavras, os consumidores estão aprendendo a amar as novas tecnologias mais rapidamente do que no passado. Há uma boa chance de que a nova palavra-chave para 2016 seja #dronie. Mais e mais consumidores estão entusiasmados com a ideia de ter o próprio drone para tirar fotografias de si mesmos. Um momento esportivo único, um grande show ou apenas um passeio romântico no parque pode ser registrado mais espetacularmente do alto por um drone do que por uma selfie. A tecnologia já está disponível e é acessível, e parece provável que atraia o interesse generalizado dos consumidores em um futuro próximo.

A TECNOLOGIA COMO SEXTO SENTIDO

Em média, olhamos para o nosso smartphone 150 vezes por dia. Se estivermos acordados durante quinze horas, isso significa dez vezes por hora. Ou uma vez a cada seis minutos. Hoje em dia, estamos mais acostumados a olhar para uma tela pequena do que para uma tela grande. As pessoas olham muito mais frequentemente para um smartphone e um tablet do que para um computador ou televisão.[9] A primeira tela é a do celular. A tecnologia se tornou uma espécie de sexto sentido. O aplicativo de meteorologia é útil para quem pensa em organizar um passeio de bicicleta no domingo de manhã. Um tablet pode lhe dar acesso fácil a centenas de receitas deliciosas para o seu almoço de domingo. E, com o advento do GPS, a velha piada infame sobre mulheres e mapas já não se aplica: ninguém se perde no século XXI.

No futuro, vamos evoluir para um modelo híbrido entre o humano e a máquina. O Google Glass é um bom exemplo de como a tecnologia pode preencher cada vez mais o papel do nosso sexto sentido. A introdução do termostato inteligente tem um potencial semelhante. Todos nós usamos muita energia. Você pode estar no cinema, mas o aquecimento de sua casa pode ainda estar funcionando. Um termostato inteligente considera a agenda familiar para determinar a temperatura necessária na sua casa em qualquer momento do dia. Isso pode reduzir a fatura média de energia da família entre vinte e trinta por cento.

EMPRESAS BRILHANTES, MAS AINDA ATRASADAS

A Nokia deixou passar a tendência do smartphone e deixou o mercado aberto para Apple e Samsung. Intel perdeu o rastro da evolução da mobilidade e permitiu que a Qualcomm dominasse o mercado de chips móveis. A Kodak inventou a fotografia digital, mas não a levou a sério. Como resultado, a Kodak já não existe. Todas essas foram empresas brilhantes, mas perderam oportunidades cruciais oferecidas pelos desenvolvimentos técnicos no próprio mercado. Ou talvez, como a Kodak, viram as oportunidades, mas não reconheceram sua importância. À medida que os mercados mundiais continuam a evoluir a um ritmo cada vez mais rápido, aumenta também a probabilidade de as empresas serem surpreendidas pelas oportunidades que estes mercados criam. Em suma, há um perigo maior de que se atrasem.

A duração média do período de sucesso das empresas diminuiu nos últimos tempos. Durante a década de 1980, a *Fortune* 500 consistia quase exclusivamente em empresas que estavam na lista há 35 anos. Hoje, as empresas desse clube exclusivo estão na lista há apenas quinze anos, em média. Delas, 40% das empresas nem existiam há vinte anos. O desenvolvimento mais rápido de novas tecnologias, combinado com a adoção mais rápida das tecnologias pelo público em geral, significa que a data de validade para a maioria das delas foi drasticamente reduzida. E a mais rápida de todas essas evoluções tem sido a evolução da relação com o cliente, que nunca foi tão instável como hoje.

UM NOVO CAMPO DE COMPETIÇÃO? OU UMA NOVA RELAÇÃO COM O CLIENTE?

Um mercado em evolução mais rápida conduz à criação de novos campos de concorrência. A forma mais perigosa de concorrência já não vem de dentro do seu próprio mercado, em vez disso, muitas vezes vem de onde menos se espera. Considere, por exemplo, o mercado financeiro: todos os bancos fazem mais ou menos as mesmas coisas. Cada um deles tem uma oferta de cliente comparável. Ocasionalmente, alguém pode introduzir uma inovação ou um pequeno reposicionamento pode ocorrer. Mas as verdadeiras surpresas são poucas e pequenas. Todos os anos a *Fast Company* publica uma lista das empresas mais inovadoras do mundo. Nenhum dos bancos clássicos está na lista. Mas ela contém numerosas empresas que estão corroendo aos poucos o modelo de negócio existente dos bancos. "Os dias do cartão de crédito estão contados", diz o PayPal, com um sorriso no rosto. O LendingClub (clube de empréstimos) é outro desafiante perigoso. Ele oferece facilidades de crédito entre consumidores. Em outras palavras, o consumidor A empresta dinheiro ao consumidor B, com o clube atuando como facilitador. Como resultado, os bancos são excluídos do processo de concessão de crédito – uma das suas principais funções. Square é outra empresa na lista. Assim como o

PayPal, a Square desenvolveu novas opções para fazer pagamentos. Ela é uma caixa branca pequena na forma (não surpreendentemente) de um quadrado. Se você a conectar ao seu iPhone ou iPad, eles serão transformados em uma ferramenta de ponto de venda móvel na qual você pode fazer pagamentos com cartões de crédito. Isso significa que fazer pagamentos móveis com a Square é fácil e conveniente. A lista da Fast Company também contém várias outras startups ambiciosas que têm o potencial de corroer o setor bancário.

Mas não é apenas no mercado financeiro que se abrem novos campos de concorrência. Há novos atores em quase todas as indústrias, atores que estão deixando o mercado de pernas para o ar. E cada um desses novos atores faz uso de uma nova tecnologia ligada a um novo tipo de relacionamento com o cliente.

Por exemplo, os líderes tradicionais do mercado de aluguel de automóveis têm dificuldade em aceitar as iniciativas revolucionárias de empresas como a Car2Go. A Car2Go é um aplicativo que permite aos clientes ver em tempo real onde os carros da empresa estão disponíveis para aluguel em qualquer cidade. Os consumidores podem ativar a locação do carro quando estiverem perto. Quando entram pela primeira vez no carro, lhes é pedido que façam uma rápida avaliação do seu estado, para que a limpeza e propriedade do cliente anterior possa ser verificada. Uma vez que isso tenha sido feito, o cliente pode começar a dirigir quando estiver pronto. O preço é determinado pelo número de quilômetros percorridos. O pagamento é feito no final da viagem com cartão de crédito. Quando o cliente chega ao seu destino, ele deixa o carro onde estiver. É neste local que ele será pego pelo próximo cliente interessado.

Os adeptos da tecnologia afirmam que esses novos modelos de negócio exploram as notáveis possibilidades disponibilizadas pelas novas tecnologias, mas, na realidade, baseiam-se mais em um novo tipo de relação com o cliente. Todas essas novas relações têm uma coisa em comum: o cliente tem controle sobre todo o processo, do início ao fim. Isso deixa tudo mais rápido, fácil e, muitas vezes, agradável do começo ao fim. O ponto-chave sobre essas relações é que o serviço é ótimo. A tecnologia ainda é importante, mas serve principalmente para elevar a experiência do cliente a um nível diferente. Em resumo, ela facilita o novo relacionamento com o cliente.

VOCÊ PODE GANHAR UMA BATALHA, MAS NÃO A GUERRA

A indústria da música foi a primeira a ser transformada pela digitalização. Tudo começou no que poderíamos chamar de área cinzenta (se não preta). Nos primeiros anos, a maior parte da música digital foi adquirida ilegalmente. Como resultado, a indústria ficou sob crescente pressão por causa da queda nas receitas. A velha indústria tentou adotar uma abordagem dura em relação à nova ameaça e, inicialmente, a velha economia ganhou várias batalhas importantes. Em 2001, o Napster – que na época era o maior site do mundo para o descarregamento ilegal de música – foi obrigado a fechar. As companhias de música tradicional celebraram esse acontecimento como se a guerra tivesse sido ganha, mas na realidade foi apenas uma pequena vitória em um conflito que mal tinha começado. O Napster desaparecera, mas os consumidores tinham descoberto a facilidade e o preço baixo da música digital, fatores decisivos. É impossível, em qualquer indústria, frear os clientes que estão determinados a seguir uma linha específica de inovação. As alternativas ao Napster se desenvolveram da noite para o dia e o número de downloads digitais continuou a aumentar. A resposta da indústria foi o lançamento do iTunes, em 2003, uma plataforma na qual era possível fazer download de música legalmente. O iTunes cresceu e se tornou a maior loja de música do mundo. A moral da história? O consumidor sempre ganha (e a Apple também).

Como consequência dessas mudanças, muito valor da antiga indústria da música foi perdido durante os últimos quinze anos, mas muito valor novo foi criado. Os atores tradicionais foram substituídos por novos, e o ritmo rápido da evolução continuou. Após a revolução do download, a última tendência é o streaming de música. Em 2013, o mercado de downloads digitais diminuiu 12%, enquanto o streaming de música cresceu 42 por cento.[10] O iTunes está enfrentando a concorrência crescente de novos desafios, como o Spotify. O consumidor continua exigindo evolução e progresso. O Spotify forneceu isso, oferecendo um novo tipo de relacionamento com o cliente que permite que você ouça música em vez de comprá-la.

A indústria da música vem passando por uma evolução digital nos últimos quinze anos, mas um processo evolutivo semelhante está sendo experimentado agora em uma escala muito mais ampla. Os consumidores estão exigindo progressos (digitais) em quase todos os setores da economia. Como resultado, as empresas tradicionais em todo o mundo estão enfrentando a crescente concorrência de rivais emergentes, que têm uma percepção muito melhor das novas possibilidades tecnológicas e das novas relações com os consumidores que estas podem gerar. Como um jogador clássico, você tem apenas duas opções: pode tentar bloquear o progresso ou pode abraçá-lo. Mas, se quiser sobreviver à guerra, só há uma opção!

ESTUDO DE CASO: UBER E AIRBNB

Uber e Airbnb são as empresas que melhor simbolizam esse processo de mudança. Airbnb é um site onde pessoas físicas podem alugar as casas de outras pessoas físicas. O site está no ar desde 2008, entretanto, o número de reservas por noite aumentou para mais do que o número total de reservas na rede Hilton. Mais de 150 mil pessoas encontram uma cama para dormir todos os dias via Airbnb. Isso significa menos 150 mil quartos de hotel ocupados por dia em comparação a 2008. Cada vez que a empresa cresce um por cento, a indústria hoteleira diminui em 0,05%.[11] Esses números são significativos.

A Uber, fundada em 2009, ajuda os indivíduos a encontrar um motorista particular para conduzi-los pelas cidades que visitam, vivem ou trabalham. Inicialmente, ela operava apenas com veículos do segmento superior do mercado (BMW Série 7, Mercedes Classe S etc.), mas, desde 2012, alargou a sua gama de opções, para que todos possam tirar partido dos seus serviços. A redução do limiar significava efetivamente que ela tinha se tornado uma empresa de táxis sem táxis. Foi quando a resistência começou a crescer.

Em quase todas as cidades nas quais a Uber queria iniciar suas operações, havia uma oposição feroz das empresas de táxi tradicionais. A Uber começou em San Francisco e, durante uma visita recente, notei que os táxis tradicionais são agora muito menos presentes nas ruas do que costumavam ser. Na verdade, quase desapareceram. O aeroporto era o único lugar onde eu os via em números significativos. Durante uma viagem com um dos motoristas da Uber, conversamos sobre essa evolução. Ele costumava trabalhar como taxista tradicional, mas passou para a Uber, caso contrário, não teria emprego. Ele também disse que havia um lado positivo nas mudanças. Estava livre para definir as próprias horas de trabalho e podia escolher quais os clientes queria aceitar ou recusar. Além disso, a Uber não se comporta como um grande chefe. Dá a cada motorista a oportunidade de se juntar à vários outros motoristas e é tolerante com os seus desejos pessoais. Ao mesmo tempo, o novo sistema também tem desvantagens. Em apenas três anos, o número de motoristas de táxi em San Francisco aumentou de dois para dez mil. E como sempre acontece em um mercado competitivo, os preços caíram. Como resultado, meu motorista disse que agora trabalhava mais horas para ganhar vonte por cento menos do que antes. Em outras palavras, os vencedores dessa evolução são o consumidor (que se beneficia de um serviço melhorado a um preço mais baixo) e a Uber (que está apostando pesado). Os que perdem, claramente, são os atores da indústria dos táxis tradicionais. Em 2013, o volume de negócios dessa indústria em San Francisco caiu trinta por cento.[12]

Um dos aspectos mais interessantes do caso Uber é a forma como se desenvolveu a batalha entre o antigo *player* (a indústria de táxis) e o novo *player* (Uber). A indústria de táxis optou por uma política de lobby político para tentar bloquear o progresso da Uber. Isso funcionou na Bélgica – pelo menos, inicialmente –, onde a Uber foi proibida de funcionar graças a uma grande campanha de lobbying. Mas a reação da Uber a esse contratempo foi brilhante: ela tornou o serviço gratuito! Consequentemente, deixou de ser ilegal ao abrigo da legislação belga. Isso sublinha a inventividade da nova economia na sua rivalidade com a antiga. Também prova, mais uma vez, que é difícil controlar os progressos – em especial os que funcionam de acordo com o interesse do consumidor.

O contraste entre as táticas da Uber e as táticas da indústria tradicional é gritante. Os atores clássicos dependem quase exclusivamente de armas clássicas. O lobbying é um deles. As greves são outra. Na primavera, de 2014, os taxistas europeus organizaram uma greve em grande escala. Pretendia-se que todos sentissem o poder da indústria dos táxis. Na noite seguinte à greve, a Uber emitiu um comunicado para a imprensa: nesse dia, só em Londres, o seu volume de negócios tinha aumentado 850% (!). A greve proporcionou aos clientes duvidosos a oportunidade de testar a eficiência do sistema. Por outras palavras, a indústria dos táxis deu um tiro no pé. Os instrumentos clássicos de oposição já não são adequados para lidar com a engenhosidade dos novos. As greves e o trabalho de lobby são relíquias da velha e ultrapassada economia. Para ganhar na nova economia é necessário aceitar novas evoluções, adaptar-se a elas e modificar a sua relação com o cliente. Se não fizer isso, vai acontecer com você o que houve com os dinossauros.

No início de junho de 2014, a Uber levantou 1,2 bilhão de dólares de recursos sem dificuldade, e o Google é um dos acionistas. A Uber está atualmente avaliada em cerca de dezessete bilhões de dólares. Diante dessa valorização, é interessante lembrar como ela foi originalmente referida na mídia como apenas mais um aplicativo. Esse aplicativo tem agora mais recursos à sua disposição do que toda a indústria de táxis europeia.

Os novos concorrentes estão crescendo rapidamente em quase todos os setores. Têm um forte apoio financeiro, frequentemente associado a uma forte rede de empresas participantes. Além disso, o consumidor médio considera que as iniciativas que representa são "legais". Os velhos jogadores subestimam os recém-chegados por sua conta e risco.

CINCO SUPER-HERÓIS DIGITAIS

Além dos ataques dos novos atores, quase todos os setores são influenciados pelos cinco atores digitais de maior impacto a nível mundial. São os cinco super-heróis digitais, embora algumas pessoas também os chamem de cinco super-vilões digitais. O impacto de Facebook, Apple, Google, Alibaba (o maior site de comércio eletrônico do mundo) e Amazon é sentido em quase todas as indústrias.

O Facebook influencia o mercado da publicidade, o setor da indústria midiática e (depois da aquisição do WhatsApp) o mercado das telecomunicações. No dia seguinte à aquisição do WhatsApp, foi emitido um comunicado para a imprensa com a ideia de que todos os clientes da aplicação deveriam receber serviços telefônicos ilimitados por um preço entre um e dois dólares por mês. Se o Facebook avançar com esta ideia, não será uma iniciativa regional. Pelo contrário, ele será direcionado aos 450 mil usuários do WhatsApp e talvez até mesmo aos 1,2 bilhão de membros do Facebook. Simplificando, os super-heróis digitais tomam todas as formas de concorrência global. Isto pode ter consequências graves para as outras indústrias – telecomunicações e o setor financeiro são exemplos clássicos – que são organizadas em uma base muito local. Isso pode mudar as regras do jogo completamente. Amazon e Alibaba são os maiores atuantes no comércio eletrônico do mundo. A sede da Amazon fica nos Estados Unidos e da Alibaba na China. Ambas já ultrapassaram as fronteiras do mundo do comércio eletrônico em que se originaram. A Amazon já conquistou o mercado de e-readers e lançou seu próprio telefone, em 2014. A Alibaba possui uma licença bancária e a utiliza no seu mercado nacional.

A Apple tem talvez a aderência mais forte de todas nos seus clientes, graças aos seus ecossistemas ultra inteligentes. Os seus usuários ficam encantados com a facilidade e a variedade de serviços oferecidos pelo iCloud, iTunes e a perfeita sincronização entre os diferentes itens da tecnologia Apple. A eficácia desses ecossistemas, ligados a produtos fortes e a um conceito de retalho fantástico, transformaram a Apple em uma marca incrivelmente poderosa.

Mas, dos cinco grandes, o Google é talvez o mais impressionante – porque influencia as nossas vidas a níveis diferentes. Os consumidores que procuram algo on-line, invariavelmente o usam, várias vezes por dia. O Gmail também deu à empresa uma influência considerável no setor das comunicações e, em breve, darão os primeiros passos na indústria automobilística. Além disso, também compraram a Nest, uma empresa que fabrica eletrodomésticos inteligentes para o lar (incluindo termostatos inteligentes). Através do Android, a maioria dos smartphones já está ligada ao Google. E isso é apenas uma fração das suas ideias e planos.

Individualmente, cada um deles tem um impacto em numerosas indústrias. Coletivamente, eles têm um impacto sobre quase todas as indústrias do mundo. Além da sua supremacia estratégica, todos construíram uma relação única com o cliente dentro do próprio mercado. A facilidade de utilização dos seus serviços é excelente. O seu atendimento ao cliente está acima da média. Todos os cinco têm um grande número de clientes satisfeitos. Todos desenvolveram métodos únicos para elevar seus relacionamentos com clientes a um nível superior. É claro que os cinco super-heróis digitais não são perfeitos – os super-heróis nunca são. Além disso, mesmo os super-heróis podem ser derrubados do pedestal e substituídos por outro mais novo, maior, melhor, mais rápido. Mas, por enquanto, é impossível escapar à sua influência onipresente – uma influência que, por vezes, vai além do que o cliente médio preferiria.

A INTERFACE DIGITAL CONDUZ A DANÇA

Os clientes decidiram. Uma relação de cliente digital rápida e conveniente faz parte de suas expectativas atuais. Nos últimos vinte anos, a internet se tornou parte integrante da nossa vida cotidiana. As mídias sociais fizeram com que os consumidores se expressassem e articulassem. Graças a esses novos meios de comunicação, o mundo se tornou mais transparente. Desde a introdução do iPhone, esse mundo tem sido radicalmente transformado. A partir de 2007, fomos capazes de desfrutar do prazer de estar continuamente on-line. Várias aplicações tornaram as nossas vidas mais interessantes, mais eficientes, mais comunicativas e mais agradáveis. Experimentamos – e continuamos a experimentar – o impacto da digitalização estrutural, ao mesmo tempo que reconhecemos que ela ainda está apenas começando.

É impossível, hoje em dia, alguém imaginar como será o mundo daqui a cinco anos. Mas uma coisa é certa: nos próximos cinco anos haverá mais mudanças do que nos últimos cinco anos. Nos próximos cinco anos seremos confrontados quase semanalmente com inovações novas e relevantes que podem fazer uma diferença real nas nossas vidas. Estamos nos aproximando rapidamente do ponto em que não será mais possível para a capacidade intelectual da pessoa média acompanhar a velocidade da mudança.

A interface digital do cliente continuará tendo mais importância. Nesse contexto, ela vai muito mais longe do que simplesmente "on-line". Na verdade, a relação com o cliente digital vai se manifestar em grande parte no mundo offline. A forma como os consumidores procuram informação enquanto fazem compras, a forma como fazem compras, a forma como são reconhecidos quando entram em uma loja: todas estas coisas vão ficar mais completamente digitalizadas. Uma interface digital será a base da moderna relação com o cliente, em parte porque é isso que o consumidor quer e em parte porque reforça o impacto das empresas.

Os principais atores on-line já estão se movendo em alta velocidade para o mundo offline. A Amazon lançou um telefone. O Google já está fazendo um carro e comprando termostatos inteligentes. O eBay comprou o PayPal e deseja transformar o mundo das compras e pagamentos offline. Em contraste, a maioria dos jogadores no mundo offline têm estado muito hesitantes em levar a cabo a sua transformação digital. Estima-se que 63 por cento dos executivos seniores consideram o ritmo de mudança em suas próprias organizações muito lento.[13] Na relação com os clientes do futuro, a interface digital será central – tanto no mundo on-line como offline.

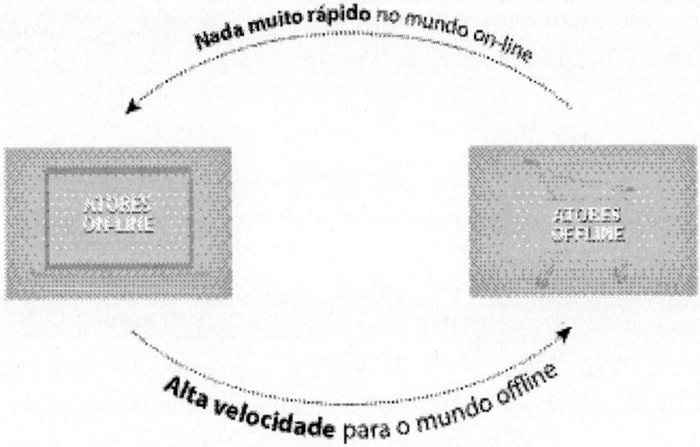

Figura 1.3 ***Digitalização nos mundos on-line e offline***

O DIGITAL SE TORNA UMA MERCADORIA

O digital lidera a dança, mas ao mesmo tempo está destinado a se tornar uma mercadoria. De fato, a palavra "digital", enquanto fator distintivo, acabará por se tornar obsoleta. Quando todas as empresas tiverem conseguido criar uma relação de cliente digital rápida e eficiente, o aspecto "digital" deixará de ser um elemento diferenciador. Será apenas a base universal para a relação com o cliente, nada mais nada menos. Mas isso ainda está (relativamente) longe de acontecer. No momento, uma excelente relação com o cliente digital continua a ser, sem dúvida, um fator de diferenciação muito forte. As empresas que negligenciarem a sua transformação digital enfrentarão um futuro muito incerto nos próximos anos. Mas em 2025 tudo será diferente. Até lá, uma empresa terá de ser extremamente criativa para fazer a diferença nas suas relações com os seus clientes digitais, porque uma boa relação com o cliente digital será uma característica padrão de todas as empresas bem-sucedidas. Sem dúvida, novas oportunidades de diferenciação surgirão, mas os benefícios gerados por uma boa relação com o cliente digital diminuirão gradualmente à medida que os atores clássicos também adotarem a mesma abordagem.

A TRANSFORMAÇÃO HUMANA COMO CONSEQUÊNCIA DA TRANSFORMAÇÃO DIGITAL

No momento, numerosos livros e artigos estão sendo publicados sobre a relação com o cliente digital. E a evolução dessa relação será também um tema nesse livro. Infelizmente, porém, uma consequência importante da transformação digital é muitas vezes ignorada: a transformação digital da relação com o cliente exige também uma transformação humana. Esse é um dos primeiros livros a discutir seriamente a transformação humana. À medida que os processos do cliente se tornam cada vez mais digitalizados, precisamos perguntar sobre o valor contínuo do elemento humano na relação com o cliente. O que farão os humanos quando os robôs assumirem todas as tarefas práticas? Muitas histórias fantasiosas foram contadas sobre a automação do relacionamento com o cliente. Um exemplo típico é a história "hooray" sobre como o Instagram conseguiu atingir um valor financeiro estimado em um bilhão de dólares com apenas um punhado de funcionários, uma grande ideia e uma tecnologia inteligente – enquanto a Kodak precisava de milhares de funcionários para alcançar os mesmos resultados.

É verdade que à medida que a digitalização aumenta, o contato humano diminui. As pessoas se tornarão o recurso mais escasso na relação com o cliente. Então, que papel deve ser dado a esse recurso escasso? A resposta a essa pergunta é tão estrategicamente importante quanto a discussão mais ampla sobre digitalização.

Minha opinião é que a interface humana ainda será capaz de fazer a diferença quando a digital se tornar uma mercadoria. Uma relação puramente digital corre o risco de se tornar excessivamente racional. O fator humano é capaz de lhe adicionar emoção. Isso sempre será necessário. Há poucas empresas que podem se dar ao luxo de construir um relacionamento com seus clientes com base somente na razão.

A pesquisa mostra como esse aspecto humano ainda é importante para os consumidores modernos de hoje. Cerca de 73 por cento da população deseja manter contato humano contínuo com as empresas,[14] mesmo que os canais digitais estejam funcionando perfeitamente. Os seres humanos são mais do que uma rede de segurança para as transações digitais. Eles são o elo emocional entre a empresa e seus clientes.

QUANDO O DIGITAL SE TORNA HUMANO

A relação no futuro do cliente será tanto digital como humana. A inovação continua a ser necessária em ambas as dimensões. A maioria das empresas reconhece que ainda tem trabalho a fazer no domínio digital, mas muitas vezes superestimam a qualidade atual do seu contato humano com os clientes. Só porque as empresas ainda trabalham com pessoas, não significa que essas pessoas necessariamente tragam um valor agregado ao relacionamento. Esse livro oferecerá conselhos para melhorar os elementos humanos e digitais.

Figura 1.4 ***O quadrante "Quando o digital se torna humano"***

A reconfiguração da relação com o cliente é feita em dois eixos distintos: o digital e o humano. Isso significa que as empresas podem se encontrar em uma de quatro situações diferentes:

1. *Rápida falência*: Empresas que não têm nem qualidades digitais nem humanas na base de seus relacionamentos com clientes estão condenadas a falir rapidamente. Um bom produto, uma boa localização e um bom preço já não são suficientes para garantir a sobrevivência no mercado moderno. Muitas das empresas que saíram do mercado nos últimos anos estavam localizadas nesse quadrante. E as empresas que estão tendo dificuldade em competir na economia atual também são suscetíveis de estar situadas aqui. No ano passado, mais de dez mil empresas faliram na Europa. De qual dessas empresas você sente falta? Quase nenhuma. O fato de não sentir falta delas significa que falharam em tocar um acorde emocional em seu relacionamento com você, o cliente, ou que falharam em lhe fornecer uma experiência única de cliente digital. Se acha que sua empresa está nessa posição, há apenas uma ação a tomar: a introdução de medidas inovadoras em ambos os eixos. E deve fazê-lo agora, porque qualquer novo atraso será fatal.
2. *Forte hoje:* Ser forte em suas relações com os outros é uma tremenda vantagem. Muitas das principais empresas de hoje devem o seu sucesso à força das suas relações humanas. Isso é algo que precisam valorizar e continuar desenvolvendo. As empresas que os consumidores amam são aquelas cujo gerente e equipe se destacam em suas relações com outras pessoas. Muitas pequenas empresas e varejistas são bons nisso. Você pode pensar em vários exemplos de sucesso em sua vizinhança (o açougueiro local, padeiro etc.). Todos oferecem bons produtos, mas na maioria dos casos o seu ponto de venda mais forte são as qualidades humanas excepcionais das pessoas que servem atrás do balcão. O mesmo se

> aplica à gestão bem-sucedida de empresas familiares. A sua abordagem mais pessoal aos detalhes é o elemento-chave do seu modelo de negócio. É claro que elas também precisam tomar as decisões estratégicas certas sobre desenvolvimento de produtos e inovação, mas o que as pessoas mais lembram é o seu toque humano. Elas têm fortes habilidades sociais e são criativas e empáticas. Isso, em suma, é a chave do sucesso empresarial: um produto decente e excelentes qualidades humanas. Ter uma forte relação emocional com seus clientes pode lhe garantir uma posição consistente no mercado, pelo menos, por enquanto.

Se isso será ou não suficiente no futuro é outra questão. Empresas desse tipo enfrentam um perigo muito específico e que muitas vezes virá de um trimestre inesperado: um concorrente que usa o poder da digitalização para mudar drasticamente a relação com o cliente de uma forma que lhes permite conquistar o mercado quase da noite para o dia. Por exemplo, um açougueiro ou padeiro local pode, no futuro, encontrar dificuldade frente a um concorrente equivalente ao Airbnb. Já existem várias iniciativas — o *thuisafgehaald* (receba em casa) na Bélgica, por exemplo — que permitem aos vizinhos se fornecerem mutuamente fruta, legumes e refeições prontas. Serviços de delivery por grandes empresas também aumentarão drasticamente nos próximos anos. Além disso, essas entregas proporcionarão um serviço mais rápido e mais eficiente do que no passado. O Google tornou uma questão de honra a entrega de mercadorias na casa do cliente no prazo de uma hora após um pedido ser feito on-line.[15] Todos os setores, grandes ou pequenos, serão confrontados com uma variante digital do tipo. Quando isso acontece, a qualidade das relações humanas de uma empresa será um fator-chave para decidir se a empresa afunda ou continua nadando.

A prestação de serviços básicos necessitará, sem dúvida, ser mais digitalizada. Alguns varejistas de pequena escala ainda se recusam a aceitar pagamentos por cartão bancário (ou não têm facilidades).

Imagine o que acontecerá com essas empresas quando vinte por cento de todos os pagamentos forem feitos por meio de aplicativos móveis. Estamos caminhando para um futuro em que os consumidores não terão dinheiro nem cartões de crédito nas carteiras ou malas. Seja qual for a sua linha de negócio, precisa evoluir para considerar esse desenvolvimento. Caso contrário, em breve será confrontado com uma situação em que muitos dos seus clientes serão incapazes de lhe pagar, de modo que você se arrisca de eles fazerem compras em outra loja. Em outras palavras, a digitalização vai muito além de ter um website ou estar presente nas redes sociais. Significa a digitalização de todas as facetas da sua relação com os clientes. Se os consumidores não conseguirem encontrá-lo digitalmente, ou não conseguirem encomendar os seus produtos e serviços on-line, a esperança de vida da sua empresa é muito, muito pequena. A sua posição pode ser forte hoje. Mas não será suficiente para garantir a sua sobrevivência amanhã.

3. *Mercado de lutadores*: Este é o setor onde muitas das atuais empresas estrelinhas estão. Elas têm uma pontuação forte em questões digitais, mas quase não prestam atenção às relações humanas. Empresas como Facebook, Google, Booking.com e Amazon.com têm uma interface digital perfeitamente funcional. Mas também têm um desejo aparente de evitar o contato humano sempre que possível. Um número limitado de empresas será capaz de continuar com esse modelo de negócio e ainda sobreviver. Em geral, serão as empresas que já têm uma posição inatacável no mercado atual. Como tal, serão a exceção, não a regra. Eles também tendem a ser as empresas que combinam uma excelente interface digital com preços muito baixos. Tanto Booking.com como Amazon.com possuem preços muito competitivos. Mesmo assim, os seus clientes não compram apenas com base no preço. Eles também sabem que a sua compra será tratada de forma rápida, eficiente e digital.

Se, no entanto, você não é uma das poucas empresas estrelinhas digitais, este é um quadrante difícil de ser bem-sucedido – certamente a longo prazo. Em seu clássico sobre gestão, *A disciplina dos líderes de mercado*,[16] Treacy e Wiersema (1997) defendem que as empresas devem escolher entre excelência operacional, liderança de produto ou intimidade com o cliente. No entanto, a relação digital perfeita se tornou a "nova norma" para a excelência operacional, em uma variante nova e mais orientada para o cliente. Um blog de Harvard descreve essa tendência como "quando a excelência operacional encontra a intimidade com o cliente".[17] Em outras palavras, as empresas devem se esforçar para oferecer eficiência máxima ligada a um excelente serviço e facilidade de uso. Hoje em dia, muitos relacionamentos com clientes são uma combinação de excelência operacional e intimidade. Isso resultou no desenvolvimento de um mercado de combatentes em que é difícil sobreviver e em que o preço é, em última análise, o fator decisivo. Se uma empresa só realizar a sua transformação digital, terá dificuldade em se diferenciar. Quando uma interface digital ótima se torna uma commodity (como será), o preço será muitas vezes o único diferencial que resta.

4. *Quando o digital se torna humano*: Este é o quadrante que contém as novas superestrelas digitais, como Uber e Airbnb. Um estudo recente comparou a percepção dos clientes de sites clássicos de reservas de hotéis como o Booking.com com o Airbnb.[18] Em geral, os clientes estavam satisfeitos com os dois. No entanto, a intensidade da relação com os clientes era muito mais elevada com o Airbnb. Os consumidores descreveram a sua relação com o Airbnb como sendo apaixonada. E falo também por experiência própria: sempre que encontro pessoas usando o Airbnb, eles exibem uma espécie de orgulho. As pessoas adoram mesmo o conceito. Por quê? Porque o Airbnb não é uma relação puramente digital. Você contrata sua acomodação de indivíduos, o que

inevitavelmente significa que há muito contato humano. O que não é o caso do Booking.com, embora o seu serviço digital seja de primeira classe. O mesmo se aplica a Uber. O cliente e o motorista são obrigados a se avaliar mutuamente, de modo a criar uma relação de proximidade entre cliente e fornecedor. Os sistemas digitais da empresa formam a base, mas é o elemento humano que faz a diferença.

A Coolblue, uma das maiores webshops do Benelux, é um bom exemplo de uma empresa digital que conscientemente acrescentou um toque humano às suas relações com os clientes. A empresa tem crescido a uma velocidade recorde graças à quase obsessão dos seus clientes. Em uma tentativa de melhorar ainda mais o seu excelente serviço, a Coolblue abriu também vários pontos de venda offline. Pieter Zwart, CEO e fundador da empresa, descreve isso como uma estratégia de "jogar uma pedra na própria janela": "Se os clientes estão irritados conosco, gostamos de lhes dar uma pedra para jogar em nossa janela. Se necessário, também podem vir e gritar nos nossos ouvidos. Esse é um serviço único – porque é algo que não podem fazer com a Amazon ou com o Booking." Em outras palavras, colocar pessoas reais em contato com os clientes é uma parte consciente da estratégia da empresa.

Até mesmo a gigante da tecnologia Apple desenvolveu uma estratégia para criar um vínculo emocional mais próximo com seus clientes através das ações de seu próprio pessoal. As lojas Apple são um exemplo de como as interações humanas podem ser impactantes. O pessoal tem sempre tempo para ajudar os clientes (em vez de tentar lhes vender alguma coisa). Para tornar isso possível, cada loja tem um número relativamente elevado de assistentes, o que diminui o tempo de espera. Apesar dos custos adicionais, a habilidade e o entusiasmo do pessoal significam que o conceito de loja é o mais rentável do mundo.[19]

Combinar uma relação digital e humana com o cliente é a única forma de a grande maioria das empresas sobreviver no futuro. Não é uma garantia de sucesso, mas a maioria das empresas nos outros quadrantes enfrentará desafios ainda mais severos na luta para manter a cabeça acima da água. Uma pesquisa recente da IBM concluiu que as empresas mais rentáveis conseguem criar um forte vínculo emocional com os clientes, além de uma forte relação transacional.[20] Em outras palavras, o sucesso é alcançado através da ligação da perfeição digital (excelência operacional moderna: fortemente orientada para o cliente e eficiente) com a emoção humana. E quanto mais forte a relação emocional, maior o sucesso.

UMA DUPLA TRANSFORMAÇÃO

Falar sobre transformações digitais causa alvoroço! E é necessário. Sem uma espinha dorsal digital forte, a maioria das empresas não sobreviverá à próxima década. Mas essa forte digitalização também vai reduzir sistematicamente o nível de contato humano entre clientes e empresas. Quando algo é escasso, aumenta de valor. Essa é uma lei econômica antiga, mas muito poderosa. Em outras palavras, quanto mais raro o contato humano no relacionamento com o cliente, maior é a sua importância. Essa análise torna necessário que cada empresa passe por uma dupla transformação: digital e humana. As empresas precisam tanto do poder preditivo dos dados como do caos criativo do talento humano. Isso deixou de ser nem/ou para ser *e/e*. Ambas as dimensões podem acrescentar valor ao cliente, e uma estratégia sensata vai considerar tanto os aspectos digitais como os humanos, uma vez que a criação de valor para os clientes é fundamental. Se não houver valor para o cliente, não há valor para a empresa. A dupla transformação permitirá criar e manter esse valor durante os próximos cinco a dez anos. Depois disso, quem sabe?

O restante do livro discutirá esses dois tipos de formação que, juntos, formam a moderna relação com o cliente. Primeiro, vamos analisar os diferentes elementos da transformação digital. Depois, examinaremos a transformação humana. Só através do progresso em ambos os eixos é que uma empresa chegará à segurança relativa do quadrante "quando o digital se torna humano".

PARTE 2

Transformação digital

2

DIGITAL PRIMEIRO = CLIENTE PRIMEIRO

O PROGRESSO TECNOLÓGICO IMPULSIONA AS EXPECTATIVAS DOS CLIENTES

O meu primeiro computador foi um Commodore 64. Isso era antes de disquetes terem sido inventados. O Commodore ficava ligado a um gravador de cassetes. Se quisesse jogar o meu jogo favorito, tinha de digitar "Load Blue Thunder". Então, apertava o "play" do gravador. E 45 minutos depois podia começar a jogar (desde que não houvesse erros de carregamento)!

Hoje uso o meu iPad. Se quiser experimentar um novo jogo, posso baixá-lo da App Store. Dentro de um minuto, já posso jogar. Se quiser ouvir uma música nova, posso fazer a mesma coisa com o iTunes. Isso só demora uns trinta segundos. Há vinte anos, seria um milagre. Agora, tornou-se normal no nosso mundo. Os nossos padrões de expectativa acompanharam a marcha do progresso tecnológico. No passado, era habitual um cliente não receber uma resposta do serviço de atendimento ao cliente (SAC) dentro de um dia. Hoje em dia, 24 horas é uma eternidade. Metade de todos os consumidores espera uma resposta dentro de quatro horas. Se a pergunta for feita via Facebook, nada menos que 86 por cento esperam uma resposta dentro desse mesmo período, e vinte por cento querem uma resposta dentro de uma hora, independentemente do canal que usam.[21] Mais uma vez, o avanço da tecnologia e mais transparência – algo evidente em quase todos os setores – levou a um aumento concomitante das expectativas. Os consumidores também esperam que as suas perguntas sejam tratadas na íntegra em uma única resposta. Eles desejam velocidade *e* comunicação transparente.

Em muitos setores, existe ainda uma tendência para fazer comparações com outros concorrentes do mesmo setor. Mas a comparação com um rival que se desenvolve lentamente é a pior desculpa possível para não agir. Já foi dito no capítulo anterior: a competição mais perigosa virá muitas vezes de onde menos se espera. Além disso, os clientes não limitam as *suas* comparações a um único setor. Não, o raciocínio deles é muito diferente. Um cliente tem dificuldade em compreender por que razão um vendedor na Bélgica não pode oferecer as mesmas facilidades de pagamento que a Apple Store. Se um site como o Google pode quase sempre estar on-line, por que é que o site do meu banco está fora do ar com tanta frequência? Se a KLM pode responder aos tweets em trinta minutos e é contatável 24 horas por dia em sete idiomas diferentes, por que minha empresa de energia não pode fazer o mesmo? Esse é o tipo de comparações que os consumidores fazem. Os consumidores não fazem comparações entre indústrias ou setores individuais. Eles comparam cada empresa com o desempenho das empresas mais conhecidas do mundo.

A DESCONFIANÇA EM RELAÇÃO AO E-COMMERCE

Fiz a minha primeira compra na Amazon em 1998. Encomendei alguns livros on-line, usando o cartão Visa dos meus pais. Quando lhes contei o que tinha feito, eles fizeram cara feia. Não era arriscado partilhar os detalhes do seu cartão de crédito com alguém através da internet? E com uma empresa pequena e relativamente desconhecida como a

Amazon? E se alguém dos correios roubasse os livros? E se os livros errados fossem entregues? E se...?

Inicialmente, a desconfiança em relação ao novo e (na época) estranho fenômeno das compras on-line era generalizada. Foi muito fácil, como os meus pais, imaginar os perigos potenciais. Essa desconfiança foi a principal razão pela qual as pessoas não faziam compras on-line. Isso significava que os comerciantes de e-commerce tinham pouca escolha: se queriam crescer, tinham de convencer o público de que eram seguros e fáceis de utilizar. E só havia uma maneira de fazer isso: *atendimento extremo ao cliente* –atender o cliente sem restrições.

A Amazon ganhou a minha confiança da primeira vez que algo deu errado. Eu tinha comprado muitos livros de negócios. Quando eles foram entregues, vi que três deles estavam errados. Não eram os títulos que eu tinha pedido. Inicialmente, temi o pior. Mas recebi uma resposta rápida, amigável e profissional da Amazon. Disseram-me que eu podia guardar os livros entregues incorretamente e que enviariam os livros certos no mesmo dia. Fiquei tranquilo. Ganharam a minha confiança. Nos anos que se seguiram, houve problemas ocasionais, mas sempre foram resolvidos de forma rápida, fácil e satisfatória – para mim. Nunca há discussão. Quando entrei em contato com eles para dizer que outra grande encomenda de livros não tinha chegado, eles concordaram em reenviá-los imediatamente. Sem perguntas. Esse é o tipo de comportamento que os clientes adoram. E, mantendo esse comportamento ano após ano, é possível desenvolver um nível anormalmente elevado de confiança nos consumidores. Como resultado, é a estratégia adotada pela maioria das empresas de e-commerce.

Por outras palavras, a suspeita inicial resultou na geração de um elevado nível de confiança. E a base dessa confiança é um atendimento extremo ao cliente. As empresas offline muitas vezes resolvem problemas com um rápido telefonema ou breves reuniões presenciais. Infelizmente, este "luxo" conduziu muitas vezes a um nível reduzido de atendimento ao cliente. Consequentemente, as empresas clássicas ficam muito atrás das empresas on-line no que diz respeito à facilidade de utilização. Por necessidade, a maioria dos atores digitais optou por uma política de atendimento extremo ao cliente – e agora estão colhendo as recompensas.

A COISA MAIS IMPORTANTE? NÓS!

A empresa com melhor reputação nos Estados Unidos, em 2014, era a Amazon.com.[22] Na lista mundial, ocupam o 21º lugar. Essas são as conclusões de um grande projeto de investigação sobre o consumo, em que se pedia às pessoas que assinalassem as casas com comentários como "Admiro esta empresa", "Confio nesta empresa" ou "Esta empresa me dá uma boa sensação". Muitos observadores ficaram surpreendidos com a boa pontuação alcançada pela Amazon, uma vez que durante aquele ano surgiram vários rumores sobre as más condições de trabalho em algumas das suas divisões. Havia mesmo uma série de investigações constrangedoras que destacou várias situações degradantes, quase desumanas. Isso alimentou a mídia, que deu ampla publicidade às histórias. Isso se somou às crescentes críticas à política agressiva da Amazon em busca de domínio do mercado. Muitos vendedores não estavam satisfeitos com essa estratégia e manifestaram repetidamente o seu descontentamento em público. Em outras palavras, houve um pouco de publicidade negativa para a Amazon, de modo que os gurus das relações-públicas pensaram que isso se refletiria em seu índice de popularidade. Mas nada poderia estar mais longe da verdade.

Apesar de toda a atenção negativa na mídia, a Amazon continuou a pontuar muito bem com os consumidores. Na verdade, a Amazon tem uma reputação de causar inveja em todos os seus rivais. E a explicação é simples: ela tem o melhor atendimento ao cliente do mundo. Para os consumidores, essa é a coisa mais importante. Eles não se preocupam com as condições de trabalho dos funcionários. Estão mais preocupados com o serviço que recebem. Há alguns anos, a InSites Consulting realizou uma pesquisa global[23] sobre as expectativas dos clientes em relação ao empreendedorismo responsável, que confirmou que os consumidores pensavam que uma atitude correta para com os clientes – ou seja, para com eles mesmos – era a prioridade máxima. Seguiu-se uma atitude correta em relação aos colaboradores e, em terceiro lugar, uma atitude correta em relação à sociedade em geral.

Talvez não seja a coisa mais simpática a dizer, mas a maior parte das pessoas estão interessadas em primeiro lugar e acima de tudo em si mesmas. A maioria das atualizações no Facebook é sobre nossas vidas fascinantes. E a maioria das fotos que compartilhamos são imagens nas quais figuramos de forma proeminente. A selfie é talvez a prova final dessa obsessão por si mesmo.

DIGITAL PRIMEIRO = CLIENTE PRIMEIRO

As empresas digitais optam por uma forma extrema de atendimento ao cliente. O cliente que se preocupa com a tecnologia recebe o melhor serviço em todas as fases do processo de compra, mas cada vez mais o considera um dado adquirido. Pelo menos 48 por cento dos consumidores abandonam a compra assim que algo acontece em seus negócios com uma empresa que não lhes agrada.[24] Isso leva à conclusão de que uma relação inicialmente digital bem-sucedida é, antes de tudo, uma relação cliente-primeiro.

Durante as muitas visitas a empresas que fiz no Vale do Silício, fiquei impressionado com o quanto essa filosofia já faz parte do DNA das novas, jovens e digitais empresas do futuro. O Evernote é um aplicativo gratuito que ajuda o mundo a se lembrar de tudo. Ele torna possível que as pessoas façam notas e lembretes de forma rápida e fácil. Se o aplicativo não fosse gratuito, mas vendido por insignificantes 0,99 centavos por ano, o volume de negócios da empresa aumentaria drasticamente. Mas eles fizeram uma escolha consciente de não fazer isso. Por quê? Porque não seria bom para as suas relações com os clientes. Para terem êxito, precisam atingir ao maior número possível de pessoas. Para eles, isso significa que um aplicativo gratuito é indispensável. Eles ganham seu dinheiro com upgrades com mais funções, que os clientes têm que pagar se os desejarem. Nesse momento, isso representa apenas cinco por cento do número total de usuários. Mas eles não estão preocupados: consta um aumento do volume de negócios como parte de uma estratégia a longo prazo e não a curto prazo.

Da mesma forma, o LinkedIn também poderia ganhar muito dinheiro ao vender às empresas uma análise da moral do seu pessoal. Durante a minha visita ao LinkedIn, disseram-me apenas o quanto sabem sobre cada pessoa que está registrada no site. Por exemplo, a análise dos dados de que dispõem lhes permite dizer quem está à procura de outro emprego. Também podem pintar um quadro geral da moral da empresa com base nesses mesmos dados. Essa é uma informação que vale muito dinheiro. Mas o LinkedIn resistiu à tentação, porque iria colocar muita pressão na sua relação com os usuários. A longo prazo, não vale o risco.

Um relacionamento digital em primeiro lugar ou cliente em primeiro lugar significa, portanto, um declínio de renda no curto prazo, porque é melhor para as perspectivas de longo prazo. Isso parece mais fácil do que é. É também um paradoxo interessante: a relação com o cliente digital começa com o desenvolvimento de uma atitude para a qual não é necessária qualquer tecnologia. A filosofia das empresas digitais bem-sucedidas pode servir de inspiração para suas contrapartes não digitais ao iniciarem sua transformação digital. O primeiro passo (mental) é adotar essa atitude positiva em relação ao atendimento ao cliente. O relacionamento digital perfeito com o cliente combina um alto grau de simpatia com o cliente com um alto nível de eficiência. O primeiro requisito para conduzir com sucesso uma transformação digital é perceber que a digitalização é tudo sobre o cliente e a tecnologia serve para aumentar a eficiência dessa receita básica. Se uma empresa não digital já tem um excelente atendimento ao cliente, esse é um ponto a mais e tornará a transformação digital muito mais fácil.

O MODELO "CLIENTE EM PRIMEIRO LUGAR"

A relação digital primeiro = cliente primeiro é construída com base em um modelo abrangente. Desenvolvi esse modelo para refletir o que aprendi durante minhas muitas conversas com empresas que se destacam com uma atitude de "cliente-primeiro". Essas empresas incluem tanto atores digitais fortes (LinkedIn, Evernote, Coolblue) como empresas líderes do mundo offline (Starbucks, Disney World, Cartamundi etc.). Considere o seguinte:

- Um atendimento extremo ao cliente está no centro do modelo.
- Em torno disso, deve ser construído um modelo de negócio adaptável. Isso é essencial para um atendimento extremo ao cliente.
- O modelo de negócio precisa se questionar mais rapidamente e com mais frequência do que no passado e deve continuar a evoluir com o mercado.
- São necessários mais quatro blocos de construção para tornar esta atitude concreta:
  - uma relação com o cliente no estilo "Angry Bird";
  - uma equipe de apoio que pensa como a principal;
  - uma equipe principal autônoma;
  - uma estratégia de remuneração ajustada.

1. *O atendimento extremo ao cliente é uma questão de detalhes.* Um dos meus parques temáticos favoritos é o Islands of Adventure, parte do Universal Studios, em Orlando. Durante uma visita recente, nosso filho mais velho, Siebe, não era alto o suficiente para fazer o passeio em águas selvagens. Ele era apenas um centímetro mais baixo. Ele ficou muito desapontado, quase em lágrimas. Fomos imediatamente abordados por um membro do pessoal do parque, que lhe deu um voucher para um passeio gratuito, um voucher com validade permanente. Da próxima vez que for ao parque, ele poderá, junto com sua família e amigos, ir direto para os brinquedos, sem filas. Além disso, também recebeu um segundo voucher para uma prova VIP em outra atração de sua escolha, para a qual ele tinha a altura suficiente. Siebe escolheu a atração

do Homem-Aranha e logo parou de chorar. Este é o tipo de detalhe que as pessoas lembram, proporcionando uma surpresa positiva em um momento inesperado. Esse é o segredo do atendimento extremo ao cliente.

É necessário um atendimento extremo ao cliente, mesmo que a palavra "extremo" tenha, por vezes, conotações negativas. O extremismo é a política ou a religião que muitas vezes conduz a consequências indesejáveis. Mas na relação com o cliente o extremismo é todo positivo. Então, por que é tão necessário? É necessário porque muitas empresas já utilizam a expressão "atendimento ao cliente" de forma injustificada ou incorreta. Não conheço nenhuma empresa que não tenha a pretensão de atender o cliente. Mas poucas praticam o que pregam. Cerca de oitenta por cento dos CEOs pensam que a sua empresa é voltada para as necessidades do cliente. Apenas oito por cento dos consumidores concordam.[25] É apenas através de um foco extremo no cliente que as palavras bonitas podem ser transformadas em dura realidade.

Figura 2.1 *Modelo digital primeiro = cliente primeiro*

Um estudo de McKinsey provou que a diferença não é feita nos canais ou produtos clássicos. A diferença é feita entre os canais.[26] A maioria das empresas tem seus processos e produtos básicos sob controle, mas pode errar ao cometer erros nos detalhes. Se você olhar para as porcas e os parafusos do relacionamento com o cliente de uma empresa, logo verá se essa empresa tem ou não um atendimento extremo ao cliente. É possível ver, por exemplo, na maneira pela qual ela lida com reclamações. Ou se a empresa está preparada para recomendar um de seus rivais, se eles são mais capazes de ajudar o cliente. Um restaurante que está cheio e sugere restaurantes bons e equivalentes aos seus potenciais clientes demonstra um atendimento extremo ao seu cliente.

Também é possível ver no grau de flexibilidade que uma empresa está disposta a mostrar. O Europa-Park, na Alemanha, só decide às 14 horas a que horas fechará durante a noite, dependendo do número real de visitantes no parque. Se decidirem fechar às 22 horas, os visitantes podem começar a fazer fila para as atrações até aquela hora, e o parque permanecerá aberto até todos terem aproveitado. Não admira que o Europa-Park tenha sido escolhido pela TripAdvisor como o parque temático mais amigo do cliente na Europa.[27]

A Q-Music, a bem-sucedida estação de rádio belga, é famosa por suas espetaculares competições de ouvintes. Em uma ocasião, entregou uma casa no valor de 250 mil euros a um dos seus vencedores. Não surpreendentemente, o vencedor estava mais do que feliz. Mas essa felicidade logo se transformou em desespero. A empresa de construção saiu do negócio e a obra na casa parou. O prêmio quase virou um pesadelo. O slogan da Q-Music é "Q é bom para você". A equipe da rádio acredita nesse slogan e tenta pô-lo em prática. Como resultado, a estação encontrou uma solução: a Q-Music depositou 250 mil euros na conta bancária dos vencedores, para que eles pudessem comprar uma nova casa de sua escolha. Isso pode parecer "justo", talvez até a coisa natural a se fazer – mas está longe de ser evidente. A maioria das empresas teria optado por uma longa batalha jurídica, na esperança de que esta fosse a melhor maneira de evitar que pagassem mais dinheiro.

Mas a Q-Music escolheu colocar o ouvinte em primeiro lugar. Isso é atendimento extremo ao cliente.

A Cartamundi é uma empresa inspiradora. Começou como um fabricante de cartas de baralho, mas hoje cria, desenvolve e comercializa jogos de cartas interativos que se distinguem tanto dos usuários finais como dos clientes B2B (especialmente os vendedores). Chris Van Doorslaer, CEO da Cartamundi, fez da sua missão atender o cliente ao extremo. Ele contou uma anedota sobre uma queixa dos clientes. Aparentemente, havia uma concentração elevada de substâncias tóxicas em um jogo de cartas. Todos os controles de qualidade e segurança realizados pela Cartamundi mostraram que não deveria haver problema. Os fornecedores de matérias-primas também confirmaram que tudo tinha sido entregue corretamente e em conformidade com as disposições legais. No entanto, ao verificar mais profundamente, notou-se que o certificado de um dos fornecedores era inválido. Houve de fato um problema, mas a culpa não foi da Cartamundi. No entanto, a empresa aceitou a responsabilidade como fornecedor final. Em poucos dias, uma nova entrega estava pronta para ser enviada ao cliente. Para tornar isso possível, foi necessário reorganizar os horários de produção e trabalhar com empresas externas. Até compraram uma máquina nova. No total, a operação custou à Cartamundi cerca de quinhentos mil euros, mais do que o faturamento anual do cliente em questão e um grave prejuízo para os resultados da Cartamundi naquele ano. Mas o custo não era a sua principal consideração: o cliente estava certo e eles precisavam ser ajudados. Investir essa quantia para ajudar um cliente quando a falha não é sua é outro excelente exemplo de atendimento extremo ao cliente.

É um exercício útil ir em busca de seus próprios "símbolos de extremismo". Símbolos de extremismo são detalhes que lhe permitem mostrar aos seus clientes (e a si mesmo) que está falando sério. Pode ser a qualidade da comida em Tomorrowland, o melhor festival de música do mundo. Ou a forma como os operadores da Carglass® aspiram os carpetes do seu carro após uma reparação. Ou as sete promessas do varejista holandês Jumbo. Uma delas é que "o quarto da fila não tem de pagar". Esta é apenas mais uma forma de dizer "o nosso serviço de checkout é muito rápido" A mensagem é a mesma, mas a promessa "quarto na fila" oferece aos clientes a perspectiva de algo mais. Símbolos de extremismo desse tipo tornam a atitude ainda mais concreta para o cliente. É algo que eles percebem e serve de orientação para os funcionários.

2. *Um modelo de negócio adaptativo - Comer ou ser comido.* Ousar investir em um modelo de negócios que ataca suas operações existentes. Isso foi o que Jeff Bezos, CEO da Amazon, fez quando instruiu alguns de seus principais funcionários a desenvolver um conceito que tornaria a Amazon obsoleta. Essa ideia precisava ser perfeita em todos os detalhes - para que a própria Amazon pudesse implementar o plano antes que outra pessoa o fizesse. O resultado foi o Amazon Prime, um serviço de streaming. Isso significa que os clientes da Amazon não precisam mais comprar seus livros, músicas e filmes - eles podem usar a Amazon de forma ilimitada mediante o pagamento de uma taxa mensal fixa. Esse serviço é um ataque direto ao modelo básico de negócios da Amazon. Mesmo assim, o Prime foi lançado porque:

   - é uma boa ideia;
   - o mercado está evoluindo nesse sentido;
   - o risco de que alguém fazer isso primeiro era enorme.

Isso foi impressionante, mas uma das decisões mais difíceis e corajosas da história recente do gerenciamento foi tomada pela Apple. No final da década de 1990, a Apple estava quase falida. Sua reconstrução multibilionária pode ser atribuída a um único produto: o iPod. No melhor trimestre do ano fiscal de 2006, a Apple vendeu 3 bilhões de dólares em iPods sozinha. Um ano depois, o iPhone entrou no mercado. Na época do seu lançamento, o supertelefone não tinha provado nada. Mesmo assim, a Apple decidiu integrar a sua tecnologia iPod no iPhone. Em outras palavras, se você comprou um iPhone em 2007, ganhou um iPod de graça. Tente imaginar as discussões que devem ter ocorrido na sala de reuniões. A maioria das empresas teria decidido manter os dois produtos separados: um iPod e um iPhone. Com os recentes problemas financeiros ainda frescos em suas mentes, era um enorme risco dar de graça o que antes era sua mais importante fonte de renda. Todos os consumidores consideraram a integração do iPod e do iPhone como um passo lógico, mas ainda foi preciso muita coragem para fazer isso. Não que o CEO, Steve Jobs, considerasse essa uma decisão difícil. Na sua biografia, ele escreveu: "Você deve ousar comer o seu próprio volume de negócios para o benefício do cliente. Na verdade, é a única maneira de sobreviver. Porque, se não o comer, outra pessoa o fará por você."[28] Desde 2008, o volume de negócios das vendas de iPods caiu a cada trimestre. No final, pode até desaparecer completamente do mercado. Mas isso deu à Apple mais de uma década de frutos, apesar da decisão de "tough love" de 2007. E, claro, já foi substituído pelo iPhone como o produto mais importante da Apple. Então, o futuro parece seguro – por agora. O atendimento extremo ao cliente deve andar de mãos dadas com um modelo de negócio adaptável. Agarrar-se a uma forma de trabalho existente implica automaticamente uma viagem finita. As seis ondas de tecnologia descritas no primeiro capítulo aumentaram dramaticamente o ritmo da mudança. A rápida evolução entre os consumidores exige uma resposta igualmente rápida da indústria. Se Cartamundi ainda fosse apenas um fabricante de cartas de baralho, então o fim de sua jornada já pode estar à vista. Mas hoje eles também fazem cartões digitais com microchips e jogos híbridos (offline e on-line combinados). Ao acompanharem e continuarem a evoluir com o mercado, continuaram a ser prósperos.

A indústria de telecomunicações tem se beneficiado enormemente da chegada e da grande aceitação dos telefones celulares. Com efeito, a telefonia mobile substituiu em grande medida a fixa. Em um momento ou outro, a maioria das empresas de telecomunicações clássicas atacou o próprio modelo de negócio, decidindo jogar a carta da mobilidade. No entanto, não perceberam a comunicação on-line. Foi a indústria de telecomunicações que deveria ter lançado produtos como o Skype e o

WhatsApp. É provável que tenham tido as mesmas ideias, que foram rejeitadas devido à potencial perda de receitas que envolviam. Mas isso abriu a porta para outros, de modo que os problemas enfrentados pelas empresas de telecomunicações clássicas agora são maiores do que nunca.

Disney é uma marca fantástica, mas a empresa é experiente na mídia clássica. O setor dos meios de comunicação está sob pressão há alguns anos. Os jovens estão gastando menos tempo assistindo televisão, enquanto o YouTube se tornou indispensável para eles. Em uma tentativa de explorar a crescente importância do YouTube, em março de 2014, a Disney comprou a Maker Studios. O valor pago foi de 500 milhões de dólares, com a ressalva de este preço aumentar outros 450 milhões se as metas específicas fossem atingidas. A Maker Studios é uma das maiores redes do YouTube. Eles têm mais de 55 mil canais, e aproximadamente 5,5 bilhões de visualizações.[29] Esses são números que as redes de televisão clássicas podem apenas sonhar em alcançar. Ao utilizar este novo canal de comunicação, a Disney conseguiu se aproximar do seu grupo-alvo, e espera usar seus conhecimentos para aumentar o sucesso de Mickey Mouse, Pixar e *Star Wars* no YouTube.

3. *O checklist Angry Bird:* rápido, fácil e divertido. Angry Birds é um dos jogos mais bem-sucedidos dos últimos tempos. Durante os últimos anos, suas diferentes variantes foram baixadas nada menos que duas bilhões de vezes.[30] Os jogos são populares porque são fáceis de usar, cheios de diversão, de baixo custo e garantem horas de diversão. Por experiência própria, sei que até uma criança de dois anos consegue jogar. Aos quatro anos, são especialistas. Uso Angry Birds como símbolo da moderna relação com os clientes. Os consumidores estão procurando exatamente o que esse jogo é capaz de lhes oferecer: uma solução rápida, fácil e agradável. Por conseguinte, as empresas devem se questionar: até que ponto as nossas interações com os clientes correspondem a esta "checklist Angry Bird"?

Trunk Club é um grande exemplo de uma empresa que preenche todo o checklist Angry Bird. A empresa foi fundada recentemente, em 2009. Seu público-alvo são homens interessados em roupas, mas que odeiam fazer compras. Aparentemente, este é um público-alvo bem grande. Em 2014, a equipe do Trunk Club já tinha trezentos funcionários. O seu método de trabalho é muito simples. Ao clicar em fotos de homens vestidos com o seu estilo preferido, o site elabora um perfil dos seus gostos pessoais. Depois de trabalhar em quatro telas, o site mostra os resultados de seu perfil, usando 10 fotografias como ilustração. Se você concordar com as suas conclusões, pode programar um orçamento e indicar a frequência com que gostaria que as roupas novas fossem entregues. Por exemplo, o usuário pode atribuir um orçamento de quinhentos dólares com uma remessa a cada trimestre. Uma vez a cada três meses você receberá uma caixa em sua casa, contendo roupas do seu tamanho e estilo. Se gostar, pode ficar com elas. O que não gostar, é só devolver. É rápido, fácil e divertido.

Um relacionamento do tipo Angry Bird com o cliente não é apenas sobre ações on-line. O cliente também espera encontrar todos os elementos do Angry Bird em suas negociações offline. A crescente utilização da RFID (identificação por radiofrequência) é um exemplo de como as relações offline com os clientes podem ser mais rápidas, mais eficientes e mais agradáveis. A RFID é uma tecnologia que permite que a informação seja armazenada e lida à distância. O exemplo mais conhecido é a microplaqueta de RFID nas braçadeiras usadas em festivais de música de verão. Com elas, quem for ao festival pode ir e vir como quiser e, em muitos casos, também paga pelas coisas que compra no local. Em um futuro próximo, essa tecnologia também será utilizada na nossa roupa. Isso significa que se alguém comprou sete itens, o assistente na caixa registadora não precisará digitalizá-los individualmente. Os chips RFID permitem o cálculo imediato do preço total e desativam as etiquetas de segurança antirroubo. Isso vai aumentar a velocidade de pagamento e checkout. Com o tempo, os supermercados farão também uma utilização semelhante dessa tecnologia, de modo que os clientes não precisarão retirar suas compras dos carrinhos. Mais uma vez, o preço total será calculado à distância em menos de um segundo.

A tecnologia torna mais fácil para as empresas cumprirem o checklist Angry Bird, tanto on-line como offline. As diferentes ondas de tecnologia descritas no primeiro capítulo aumentam as opções de empresas em ambos os domínios. No entanto, essas ondas também elevam as expectativas dos clientes. Aplicar corretamente esse checklist é uma combinação da mentalidade certa com a aplicação de tecnologia nova e inteligente.

4. *A equipe de apoio não existe mais - todos trabalham para o cliente final!* É um clássico da gestão: "O atendimento ao cliente não é da responsabilidade de um único departamento; é um estado de espírito para toda a organização." Na nossa sociedade moderna, esse provérbio é mais aplicável do que nunca. No passado, era possível manter a maioria dos clientes satisfeitos com uma boa publicidade e alguns membros competentes e "visíveis" do pessoal. Dessa forma, foi possível mascarar defeitos e deficiências. Graças às redes sociais, os clientes de hoje têm uma ideia muito melhor do que se passa nos bastidores. Isso significa que o papel do RH se tornou mais influente. Uma equipe de apoio que visa o cliente começa com o recrutamento e a formação de pessoal que atenda os clientes. Do mesmo modo, a importância crescente da tecnologia tornou também o papel do departamento de TI mais crucial do que no passado, embora ainda exista certa tensão entre os assistentes de TI e quem é visível. É claro que a equipe de apoio é muito mais do que apenas RH e TI. Cada departamento tem um impacto nas relações com os clientes: RH, TI, equipes financeiras, designers de produto, etc. Sem o trabalho conjunto de todos, não será possível atingir o nível de atendimento ao cliente que é necessário hoje em dia.

Numerosos conceitos já foram desenvolvidos para permitir que o pessoal de apoio contribua para um melhor atendimento ao cliente.

Uma das utilizações mais frequentes é a ideia de trabalhar com uma abordagem de "cliente interno". Isso significa que os colegas de trabalho – os clientes internos – têm de receber o mesmo nível de serviço que os clientes finais externos. Essa é uma ideia boa e bem-intencionada, mas não é suficiente. Servir os clientes internos não dá o mesmo nível de satisfação que receber feedback positivo de clientes reais e externos. Uma solução possível é aproximar o pessoal do apoio aos clientes externos. Se permitir que todos compartilhem os elogios e as zombarias que sua empresa recebe, o impacto será muito maior. Quanto mais intensamente seus funcionários puderem experimentar o feedback e a valorização do mercado, maior será o comprometimento deles. Quando isso acontecer, cada membro estará trabalhando para fazer o cliente externo feliz, e não apenas os internos.

Há diferentes maneiras de fazer isso acontecer. Colocar telas com feedback de mídias sociais em cada departamento é uma vitória rápida, assim como o compartilhamento de elogios e e-mails de reclamação entre diferentes departamentos. Incentivar parte da gerência a se comunicar diretamente com os clientes externos também pode ajudar. E é possível organizar para que cada membro da equipe trabalhe brevemente na equipe de atendimento ao cliente. Em suma, existem muitas formas diferentes de aproximar seus funcionários do consumidor final. O atendimento ao cliente não se resume a tornar o trabalho da equipe de apoio mais eficaz para a principal. No atendimento ao cliente, o conceito de apoio não existe mais. Todos fazem parte da equipe principal.

Já mencionei o atendimento ao cliente do varejista Jumbo. Para cumprir a sua promessa de que "o quarto da fila não paga", eles foram forçados a eliminar a filosofia tradicional de apoio. Cada membro do pessoal foi treinado para usar os caixas. Isso significa que há sempre pessoal suficiente dentro e perto dos caixas. Se, de repente, os caixas ficarem ocupados, os funcionários locais podem dar uma ajuda extra, de modo que o tempo de atendimento permaneça baixo. A cadeia alimentar britânica Pret a Manger usa a mesma abordagem. A sua ideia de atendimento extremo ao cliente pode ser resumida como servir bons produtos com rapidez e simpatia, ao mesmo tempo que tem um impacto positivo na sociedade. Isso significa que os seus sanduíches são frescos, feitos todos os dias. Os sanduíches que não são vendidos até ao fim do dia são distribuídos aos sem-teto. A velocidade é uma parte importante do conceito. Assim que houver uma segunda pessoa na fila do caixa, outro caixa é aberto. Isso significa que todos foram treinados como caixa. A decisão de abrir um caixa adicional é da responsabilidade de quem estiver na área no momento. A sua filosofia é: "Se você está olhando apenas o negócio, o seu rabo está virado para o cliente. Por isso, olhe para a frente!"

5. *A equipe principal tem mais autonomia.* Os restaurantes americanos são bons nisso. Se, por qualquer razão, um garçom achar que levou muito tempo para servir uma bebida, ele tem autonomia para oferecê-la gratuitamente ao cliente. Se virem que alguém não gostou da refeição, ele pode decidir novamente não cobrar. Nos restaurantes europeus, os garçons precisam pedir permissão ao proprietário para fazer tais coisas. A ideia funciona bem nos Estados Unidos, porque os garçons dependem de gorjetas. Isso permite que todas as partes do processo de servir sejam desenvolvidas em função do atendimento ao cliente. Mas só funciona se o pessoal tiver o grau de autonomia necessário. A desaceleração do processo – por exemplo, pela necessidade de pedir permissão – aumenta automaticamente o descontentamento do cliente. Por outras palavras, a autonomia da equipe principal é uma coisa boa tanto para o cliente como para os seus funcionários.

A Eneco, um desafiante em rápido crescimento no mercado belga de energia, acredita nessa filosofia de autonomia de equipe principal. No início de 2014, a empresa lançou o programa "flower power" para o seu pessoal do helpdesk. Os trabalhadores dos centros de atendimento podem decidir autonomamente se enviam ou não aos clientes um pequeno presente ou uma marca de reconhecimento, como um cartão manuscrito ou um pequeno ramo de flores. Isso não é projetado apenas para neutralizar situações problemáticas, mas também pode ser usado para agradecer aos clientes positivos e entusiasmados ou consolar as pessoas com dramas pessoais (como uma morte na família). Não há regras rígidas e rápidas. O empregado decide. Todo mundo ganha.

A autonomia não deve ser vista apenas como uma forma de resolver situações problemáticas. A rede de lojas Wawa (Filadélfia, Estados Unidos) dá a seus gerentes locais autonomia para testar conceitos novos e criativos. Um desses gerentes decidiu abrir um café na sua loja. Ele pensou que isso poderia oferecer valor agregado aos seus clientes. A sede da Wawa notou um aumento súbito no volume de negócios dessa loja. Eles entraram em contato com o gerente, ouviram sua história e copiaram imediatamente o conceito para todas as outras lojas.[31]

Em termos de autonomia, há apenas uma regra que a administração deve dar: "Decidir sempre a favor do cliente, sem discussão." Gerentes e empresários, que conseguem dar aos seus empregados esse nível de confiança, vão ser duplamente recompensados. Eles eliminam o atraso e a frustração que é causada pela necessidade de pedir permissão até mesmo para as menores questões de rotina.

6. *O parâmetro esquecido: o comportamento segue a recompensa.* O teste final para verificar a seriedade de uma empresa na sua abordagem ao atendimento ao cliente é o seu sistema de bônus e avaliação. Se uma empresa afirma pensar apenas no cliente, mas só tem um sistema de bônus baseado nas vendas e no financeiro, seria sensato duvidar da veracidade dessa questão.

A ZLM é uma companhia de seguros relativamente pequena nos Países Baixos, um operador local na Zelândia e no Brabante. A empresa é uma espécie de exceção no mundo dos seguros, já que tem um grupo de clientes muito entusiasmados. Os clientes os classificam em 8,4 de 10 pela forma como lidam com os pedidos de indenização. A pontuação líquida do promotor (NPS) varia entre 39 e 43. A NPS é baseada na pergunta: "Você recomendaria esta empresa?". É a diferença entre as pessoas que dão uma pontuação de 9 ou 10 (os promotores) e as pessoas que dão uma pontuação entre 0 e 6 (os detratores). A NPS, portanto, está em algum lugar entre -100 (todos odeiam você) e +100 (todos amam você). Com uma pontuação entre 39 e 43, a ZLM é a seguradora com a maior pontuação da Holanda. Das seguradoras dos Países Baixos, noventa por cento têm uma pontuação líquida negativa. Em outras palavras, não restam dúvidas de que a ZLM tem os clientes mais satisfeitos do seu setor. O CEO vê sua estratégia de remuneração como uma parte importante desse sucesso. O pessoal só é avaliado com base nos seus índices de satisfação dos clientes e não em parâmetros financeiros. "Sabe qual é o problema dos objetivos financeiros?", perguntou ele. "O problema deles é que as pessoas farão tudo o que puderem para atingi-los. E quem é que perde? Exatamente! O cliente." Os críticos já estão perguntando se a ZLM é séria em relação à obtenção de lucros. Mas os números falam por si. Ela tem a maior quota de mercado do seu setor e está crescendo a uma média de oito por cento ao ano em uma área que, de resto, é bastante estável. Em termos relativos, a ZLM é a empresa mais rentável de todo o mercado segurador holandês.[32] É um paradoxo intrigante: a empresa sem metas financeiras ou um sistema de avaliação financeira tem os melhores resultados financeiros do setor.

Algumas equipes de gestão perguntam por que razão não fazem a transformação para um atendimento ao cliente, apesar do tempo e dos recursos que dedicam aos workshops, à comunicação, etc. A resposta é encontrada no parâmetro esquecido: sua falha em ajustar seu sistema de bônus e avaliação. O comportamento segue a recompensa.

O economista John Kay discutiu esse paradoxo em seu livro *A beleza da ação indireta*: a melhor maneira de atingir um objetivo é por uma rota indireta.[33] As empresas mais rentáveis não fazem do lucro a sua prioridade número um – pelo contrário, esforçam-se por alcançar a excelência. As empresas que mais colocam o lucro em primeiro lugar não conseguem atingir os seus objetivos. Interessante!

3
UM ÚNICO ECOSSISTEMA DIGITAL

A MAGIA DO MYMAGIC+

Walt Disney World (Orlando, Flórida) está buscando a integração da experiência do cliente on-line e offline. Desde 2014, cinquenta milhões de visitantes por ano podem desfrutar do MyMagic+. Este é um novo tipo de sistema de gestão de férias, em que o cliente ocupa uma posição central entre uma vasta gama de opções de contato de última geração. O elemento-chave do conceito é a "MagicBand". Cada visitante recebe uma braçadeira com um logotipo integrado do Mickey Mouse. Essa braçadeira lhes permite, entre outras coisas, abrir os seus quartos de hotel, entrar no parque de diversões, fazer pagamentos, etc.

O programa MyMagic+ tem três objetivos concretos. Em primeiro lugar, a Disney quer reduzir drasticamente o tempo de espera inútil para seus hóspedes (no check-in do hotel, na entrada do parque etc.). Sem os bilhetes de papel, o tempo de espera na entrada do parque foi reduzido em 25 por cento.[34] Durante o período de teste, isso permitiu aumentar a capacidade do parque. O maior nível de eficiência significou que durante o período de Natal, a Disney pôde receber mais três mil visitantes por dia. O segundo objetivo é incentivar as pessoas a gastar mais tempo e dinheiro no parque.[35] Por fim, o sistema deve eventualmente evoluir para a última ferramenta de pesquisa, o que permitirá à Disney responder com mais precisão às expectativas dos seus clientes. O MyMagic+ envolve um investimento de mais de um bilhão de dólares, um dos maiores projetos de TI da empresa. Mas a Disney acha que o investimento é necessário para atualizar a experiência de seus hóspedes, refletindo os tempos modernos.

A MagicBand está ligada a todas as outras plataformas digitais do Disney World. O seu programa começa imediatamente após a sua estadia ser reservada. Através do site ou do aplicativo My Disney Experience, os hóspedes podem revisar suas reservas e fazer as alterações necessárias. O aplicativo também permite reservar mesa nos restaurantes do Disney World. Mas, se ainda preferir fazer tudo isto por telefone, não há problema. Durante sua chamada, o aplicativo será ajustado para que você possa verificar suas reservas lá. Não faz diferença qual canal de comunicação você usa: tudo é ajustado em tempo real no aplicativo MyMagic+.

O resort Disney World tem uma área de dezessete mil hectares. É o dobro da área de Manhattan. O terreno tem 27 hotéis, quatro parques de atração, dois parques aquáticos, campos de golfe e um grande shopping center. A Disney oferece wi-fi gratuito em todas as instalações. E você não precisa de senha. Basta clicar no link e ele funciona (não seria bom se fosse assim em qualquer lugar?). Como resultado desse acesso gratuito à internet, os visitantes também usam o aplicativo MyMagic+ enquanto estão no parque. Por exemplo, é possível fazer reservas para determinadas atrações nele. Esse sistema é chamado FastPass+ e torna possível para cada visitante reservar com antecedência horários para três atrações. Uma vez que a reserva tenha sido feita, as novas informações são adicionadas em tempo real à sua pulseira. Então, quando você chega na atração, tudo que precisa fazer é encostá-la no scanner Mickey. Se a luz ficar verde, você pode entrar e desfrutar de sua atração favorita sem esperar.

O MyMagic+ é um impressionante passo à frente na melhoria da experiência do visitante. A integração entre os mundos on-line (app, site) e offline (parque, hotel, telefone etc.) é verdadeiramente fantástica para o cliente.

A MAGIA DA PERFEIÇÃO E A FRUSTRAÇÃO DAS MEIAS SOLUÇÕES

As lojas Apple são super populares entre os seus visitantes. A abordagem amigável ao cliente, o design e o conceito como um todo atraem quase todos. O que acho mais impressionante é a perfeição do seu ecossistema. Não importa onde eu compre um produto Apple, a venda é sempre feita sem problemas, em qualquer lugar do mundo. O momento mágico é quando o assistente da Apple usa meu cartão de crédito em sua unidade de pagamento portátil. Isso permite que a Apple me reconheça como um cliente a partir dos detalhes do meu cartão de crédito. Menos de um segundo depois, me perguntam: "Quer a nota fiscal dessa compra, Steven?" Se eu disser que sim, a pergunta seguinte é: "Quer que enviemos para o seu e-mail ou deseja que seja impressa?" Escolho o e-mail. Um segundo depois, a nota fiscal já está na minha caixa de mensagens.

Pedir café à Nespresso me dá a mesma sensação. Você faz o login no site. Escolhe o café. A compra demora apenas alguns segundos, pois a Nespresso já tem os seus detalhes. Depois de confirmar o seu pedido, você pode escolher uma faixa horária para a entrega ser feita. Na hora marcada, o seu café chega. Delicioso, rápido – e eficiente. Não é só o café que lhe dá uma boa sensação, mas também a perfeição fluente de todo o processo de compra. Os clientes apreciam essa perfeição mágica e continuam voltando para mais.

Em contrapartida, os consumidores ficam frustrados se as coisas não forem perfeitas. A pergunta mais frequente nos caixas é: "Tem cadastro conosco?". Para grandes lojas e supermercados, isso não é um problema. A maioria das pessoas guarda cartões de fidelidade na carteira, mas você não pode carregar todos os seus cartões o tempo todo, então em lojas menores a resposta, às vezes, será não. No entanto, nem isso deveria constituir um problema. “Não se preocupe, senhor. Vamos procurar no sistema. Qual nome está cadastrado?” Mas, se o cliente não tem certeza se o cartão está em seu nome ou em nome de sua esposa ou no nome de um dos seus filhos, as coisas podem começar a ficar difíceis. Não só para o cliente. Mas também para a fila crescente atrás dele. Ninguém está feliz com esses clássicos cartões de fidelidade. E este é apenas um exemplo do tipo de frustração que pode surgir quando um sistema não funciona como deveria. Além disso, é uma frustração bidirecional: afeta os clientes e seus funcionários. O reflexo automático do consumidor moderno é dizer: “Se a Apple pode me reconhecer pelo meu cartão de crédito, por que essa loja não pode fazer o mesmo?” Em breve chegaremos ao ponto em que não haverá tolerância do consumidor para meias soluções. A “magia da perfeição” é muito boa para se satisfazer com pouca coisa.

HÁ APENAS UM RELACIONAMENTO COM O CLIENTE: O CLIENTE É CENTRAL, SUA ORGANIZAÇÃO INTERNA NÃO É

Muitas empresas estão organizadas em torno de canais ou produtos. Isso, às vezes, pode levar a situações loucas. Veja, por exemplo, um dos meus clientes no setor dos seguros. Esta empresa tem quatro unidades de negócio. Imagine que as atividades de um grande cliente da unidade A (por exemplo, produtos de investimento) não são boas para os resultados financeiros da unidade B (por exemplo, seguro automobilístico). Teoricamente, é possível que o gestor da unidade B possa rescindir os contratos de seguro automobilístico do cliente, o que seria desastroso para a unidade A! Evidentemente, nunca se permitiria que as coisas chegassem tão longe; os vários vendedores interviriam. Mas situações desse tipo são muito mais comuns do que se pensa. Uma empresa que só se concentra na própria organização interna acabará frustrando os próprios clientes, que terão a sensação de estar lidando com duas ou mais empresas diferentes.

Os consumidores modernos esperam que as empresas os reconheçam como clientes leais e os tratem como tal. É isso que não menos de setenta por cento dos consumidores desejam. E em alguns setores isso já é possível. Por exemplo, esse é um dos pontos fortes das pequenas empresas de varejo, porque o proprietário-gestor conhece muitos dos seus clientes pessoalmente. Este será o caso, por exemplo, do seu padeiro, onde as pessoas gostam de ser reconhecidas e tratadas pelo nome. É mais difícil de isso acontecer em organizações maiores, mas é o que as pessoas esperam. Cerca de 34 por cento gostariam que os funcionários da loja saibam que eles já consultaram informações no site da loja; 64 por cento gostariam de poder encomendar e pagar um produto durante a ida à loja, se o produto em questão estiver temporariamente esgotado.[36] Os consumidores fazem cada vez menos distinções entre os diferentes canais de compra. As únicas coisas com que eles se preocupam são a eficiência, a conveniência e o serviço.

A empresa Royal Dutch Airline (KLM) é conhecida há anos como pioneira no uso das redes sociais para negócios. Seu serviço on-line está entre os melhores do mundo (disponível 24 horas, com tempo de resposta de trinta minutos no máximo). O próximo passo é uma maior integração da sua comunicação com o que está efetivamente acontecendo a bordo dos seus aviões ou nos aeroportos. A KLM foi a primeira companhia aérea cujo pessoal de cabine mencionou explicitamente canais de comunicação social para os passageiros. Em um futuro próximo, as tripulações receberão iPads detalhando todos os diferentes tipos de informações úteis sobre os passageiros, através das listas de passageiros a outros dados disponíveis (tais como feedback nas redes sociais). Imagine um passageiro enviando o seguinte tweet: "Grande voo na KLM, mas a comida estava fria." Se essa pessoa fizer outro voo da KLM na semana seguinte, as tripulações receberiam uma cópia do seu tweet com antecedência. Isso lhes permitiria abordar o passageiro e falar com ele pessoalmente, talvez com um pedido de desculpas. Também lhes daria a oportunidade de se certificarem de que dessa vez a sua refeição está quente.

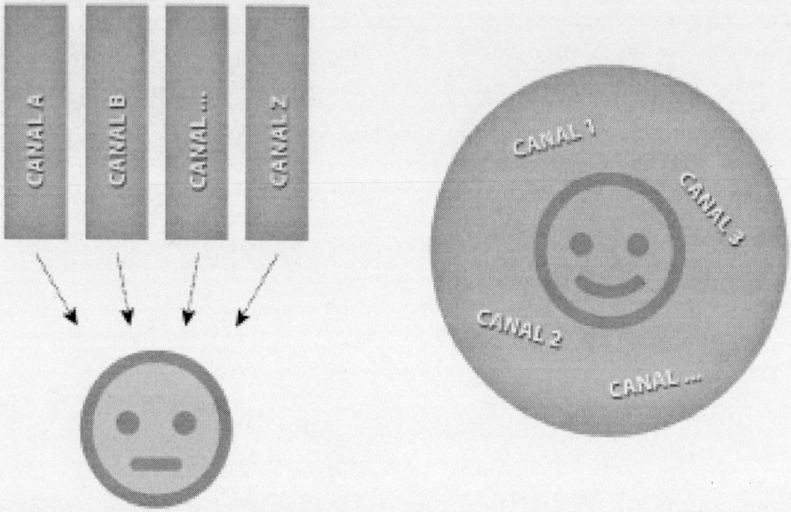

Figura 3.1 *Central de canais versus Central de clientes*

Todos os aspectos da relação com o cliente (procurando por informação, compra, serviço, etc.) estão se separando em canais específicos. Se um cliente visita uma loja, liga para ela ou tuíta sobre ela, ele espera que a empresa saiba disso na próxima vez que haja contato. A relação digital com o cliente só pode funcionar se o cliente for a questão central, não o canal. Toda empresa tem apenas uma relação com cada cliente. E, como cliente, você não está interessado nas complexidades da estrutura interna da empresa. Tudo o que você quer é sentir que tudo nos bastidores está indo bem. Você quer ser servido, e bem servido. Nada mais importa. Mas, para conseguir isso, uma empresa precisa garantir a integração perfeita de todos os seus canais em um ecossistema digital único.

A RELAÇÃO DIGITAL COM O CLIENTE É HÍBRIDA: ON-LINE E OFFLINE

A revolução mobile catapultou o mundo virtual para o mundo offline. A Uber é um serviço de táxi offline, mas com uma interface mobile (digital).

Se está em uma cidade nova, você pode pedir a Siri (a assistente pessoal digital do iPhone) para sugerir um bom restaurante. Imediatamente, ela lhe dará várias sugestões e, ao pressionar a tela, você pode fazer uma reserva. Segundos depois, você tem uma rota traçada, para não se perder, e poderá fazer pagamentos do mesmo jeito. Nos Estados Unidos, 30% de todos os pagamentos na Starbucks são feitos com aplicativos móveis. Em outras palavras, você pode pagar pelo seu café em uma cafeteria real (offline) ou pelo seu celular (on-line). Digital e físico estão lado a lado.

Isso não é surpresa alguma. On-line e offline operam no mesmo mundo. Em suas rotinas, os clientes não distinguirão entre momentos on-line e offline. Um momento on-line está cada vez mais ligado a um evento offline, que tem seu componente digital.

Não faz muito tempo havia um medo crescente de que tudo aconteceria on-line. Os varejistas offline se familiarizaram com o conceito de "showroom". Nele, os clientes visitam lojas para pedir informações, vão para casa e compram os produtos que querem on-line, pagando mais barato por eles. E não há dúvida de que isso é uma tendência. Cerca de 46 por cento dos consumidores admitem fazer isso de vez em quando. Ainda assim, há uma tendência oposta, mais comum – 69 por cento dos consumidores preferem se informar na internet primeiro e depois comprar em lojas físicas.[37] A integração entre on-line e offline indica a necessidade de uma experiência digital significativa em um mundo offline. E 63 por cento dos consumidores gostariam de telas interativas em lojas físicas, para que possam buscar informações quando estão interessados em um produto.[38] Torfs shoes, uma rede de varejo belga, fez essa experiência – colocou telas digitais nas lojas. Elas oferecem informações sobre uma gama de produtos e podem ser usadas para encomendar sapatos que não estão no estoque. A reação inicial dos consumidores foi muito positiva – 73 por cento acharam uma boa ideia a loja ser física e on-line em um mesmo lugar. Mas pesquisas também apontam que nem tudo será on-line. A vida fora da rede ainda importa. Mas é óbvio que uma relação offline com o cliente deverá ter um formato digital.

ESTUDO DE CASO: SMARTPHONE COM SCANNER DA AMAZON

Na primavera de 2014, a Amazon lançou o Amazon Dash, um scanner que os consumidores podem usar para ler códigos de barras em casa. Se estiver quase sem maionese, você faz a leitura do código de barras no pote. Esse tipo específico de maionese (mesma marca e mesmo tamanho) é adicionado à sua cesta de compras da Amazon em tempo real. Quando terminar de fazer a sua lista de pedidos, suas compras serão entregues na sua casa no dia seguinte pelo AmazonFresh. Esse scanner torna as compras rápidas, fáceis e divertidas. É muito no estilo Angry Birds! No entanto, em poucos meses, o Dash já era uma tecnologia antiga. Foi substituído por algo ainda mais impressionante.

Em junho de 2014, a Amazon lançou seu próprio smartphone. O mercado reagiu com surpresa. Era mais um tentando enfrentar a Apple e a Samsung? Na realidade, esse smartphone é muito mais do que apenas mais um telefone sofisticado. É um tipo de máquina de compras que também pode fazer chamadas. Ele não pretende competir com os especialistas do mercado. Mas seus outros recursos são um ataque frontal ao setor de varejo clássico.

O seu aplicativo mais importante é o Firefly. Com ele, os consumidores podem *escanear* os produtos, com o scanner reconhecendo nada menos que cem milhões de itens.[39] Além disso, não se trata apenas de um leitor de código de barras: o Firefly reconhece os produtos visualmente. Depois do escaneamento, o consumidor pode ver onde o produto está disponível para venda. Claro que, na maioria dos casos, é na própria Amazon. O consumidor também recebe muitas informações detalhadas sobre o produto, em quantidades que excedem em muito o conhecimento de um vendedor médio.

Imagine, por exemplo, que você está visitando amigos. O Firefly lhe dá a opção de escanear algo que eles acabaram de comprar e, em seguida, encomendá-lo na Amazon (ou em outro lugar). Ele se aplica se você vê algo que gosta em um restaurante – talvez um item interessante de decoração de mesa. Nem precisa saber o nome ou a marca do produto. E, claro, pode fazer o mesmo nas lojas. Isso faz da Amazon a vencedora do conceito "showroom".[40] Através da sua máquina de compras – uma máquina que também pode ser usada como telefone –, a Amazon tornou as compras on-line mais fáceis do que nunca. É o exemplo mais poderoso de como o mundo on-line está colidindo com o velho mundo.

◇◇

BEACONS NO HORIZONTE

Dentro dos próximos anos, os varejistas offline também devem ter uma nova e poderosa tecnologia à sua disposição. Os *beacons* são um tipo de sensor que permite que os clientes sejam reconhecidos a partir de chips RFID (por exemplo, em suas roupas) ou através do telefone deles. Essa tecnologia já está incorporada na maioria dos smartphones. Isso significa que os beacons em breve vão permitir que o mundo offline ofereça o mesmo nível de personalização de clientes que o mundo on-line. Em outras palavras, o mesmo sentimento positivo que as pessoas têm quando lhes são oferecidas recomendações ou novos produtos em um site de e-commerce estará em breve disponível nas lojas físicas. Mesmo antes de o cliente entrar pela porta, essa tecnologia já os terá identificado. Isso significa que o pessoal de vendas será capaz de receber os seus bons clientes de braços abertos. Da mesma forma, se um bom cliente de outra filial visitar a sua loja pela primeira vez, você pode lhes dar boas-vindas. Na verdade, pode ser até possível chamar cada cliente pelo nome. Se for o seu aniversário, os funcionários também vão saber. Os visitantes também podem receber atenção especial. Os beacons são importantes, pois vão dar ao varejista a oportunidade de conhecer seu cliente. Quanto mais o cliente compra, mais você pode aumentar e melhorar o seu serviço, com base em seu histórico de compras anteriores. E, dessa forma, eles podem ser mais facilmente persuadidos a comprar ainda mais.

Mas os benefícios não são apenas da empresa. Durante uma visita à loja, os beacons podem fornecer ao cliente opções de pesquisa offline.

Se o cliente não encontrar o produto que procura, uma função de pesquisa pode levá-lo à posição exata na loja onde o produto está. Da mesma forma, se você quer fazer uma receita, pode puxar a planta do mercado para ver onde encontrar todos os ingredientes necessários. Os beacons são uma tecnologia útil para dar aos clientes no mundo offline a mesma sensação de atendimento que existe no mundo on-line. As possibilidades são infinitas.

Essa tecnologia será instalada em breve nas ruas de comércio mais famosas das principais cidades do mundo. Londres está investindo um bilhão de libras em um projeto para tornar Regent Street ainda mais digital.[41] "Regent Street deve continuar como uma das ruas de comércio mais bem-sucedidas do mundo, o que significa integrar compras on-line, offline e móveis. Para isso, queremos utilizar a mais moderna tecnologia em todos os canais", diz David Shaw, o responsável por esse enorme projeto. Mais de cem lojas em Regent Street usarão essa tecnologia. Mas, além desses empreendimentos de grande escala, os beacons serão comuns em todo o setor varejista. Estima-se que, até 2019, tenham sido instalados cerca de sessenta milhões de beacons.[42]

No entanto, há uma desvantagem potencialmente grave para essa tecnologia. Os beacons oferecem aos varejistas a possibilidade de enviar ofertas especiais aos seus clientes. Porém, a maioria das pessoas não gosta de receber publicidade sem ter pedido por ela. Se os consumidores forem bombardeados com mensagens comerciais, os beacons podem ter um efeito negativo. Algumas pessoas vão ver essa tecnologia como um desrespeito à sua privacidade. O fato de as empresas saberem quem você é, onde está e o que gosta já é difícil para alguns aceitar. Receber mensagens muito precisas e perfeitamente direcionadas pode parecer muito intrusivo. Se as empresas começarem a colocar sensores e chips em todos os seus produtos e seguirem o comportamento dos clientes através dessas tecnologias, então vão iniciar um novo debate sobre privacidade.

Estou convencido de que a tecnologia dos beacons falhará se as empresas a usarem para publicidade e promoção de produtos de forma muito intrusiva. Felizmente, as pessoas poderão decidir se querem ou não conectar os seus smartphones a uma determinada loja através de um beacon. Os varejistas que são muito insistentes serão desconectados. Mas se um varejista os usar para fornecer uma maior personalização do cliente e uma melhor experiência de compra, muitos ficarão felizes em lhes conceder acesso.

◇◇

ESTUDO DE CASO: A DIGITALIZAÇÃO DA BURBERRY

A Burberry, a luxuosa casa de moda britânica, tem investido pesado nos últimos dez anos para tentar se livrar de sua imagem abafada e antiquada. A inovação digital é a ponta de lança dessa estratégia de rejuvenescimento. "A Burberry deve se tornar a primeira empresa transformada digitalmente no mundo", era o ambicioso plano da CEO Angela Ahrendts já em 2006.

Nos últimos anos, a empresa fez tudo o que estava ao seu alcance para isso. Tornou-se líder em inovação digital. Lenta, mas certamente, tem sido considerada como uma organização on-line como designer de roupas de luxo. Um dos seus primeiros grandes sucessos foi a transmissão on-line de um desfile de moda, que também deu aos telespectadores a oportunidade de fazer pedidos simultaneamente através de canais de e-commerce. Além de suas muitas campanhas de mídia social de sucesso, a Burberry também foi a primeira marca a testar um vídeo no Instagram.

Tudo isso funciona muito bem como estratégia de marketing, mas ainda não envolve uma transformação fundamental do relacionamento com o cliente. Por essa razão, a Burberry decidiu dar mais um passo à frente. Nas suas mais prestigiadas lojas de referência, todo o processo de vendas offline foi totalmente digitalizado. Se um produto não estiver disponível em um determinado tamanho, o vendedor pode usar um iPad para verificar em tempo real se o tamanho em questão ainda está disponível em outro ramo. Uma vez encontrado o produto e o tamanho certos, o cliente pode combinar com a loja o seu envio para um endereço ou para uma filial da Burberry à sua escolha. E há uma tela interativa que permite a personalização de artigos comprados. A

Burberry também está fazendo testes com chips RFID. Quando os clientes encomendam roupas on-line durante um desfile de moda também on-line, a roupa em questão é equipada com um chip. Quando o próximo cliente visitar o site ou aplicativo da Burberry em seu smartphone ou tablet, e supondo que suas roupas da Burberry não estejam muito distantes, o conteúdo de ambas as plataformas será ajustado para refletir o gosto conhecido do cliente. A Burberry planeja colocar mais desses chips em mais roupas. Isso permitirá que suas lojas reconheçam os clientes regulares, permitindo que as suas telas de publicidade digital sejam alteradas para refletir as preferências dos clientes que se sabe estarem no edifício.[43]

Em meados de 2014, a Burberry cumpriu a promessa de Angela Ahrendts: integrou com sucesso suas mídias sociais, aplicativos móveis e internet com suas lojas. Seu ecossistema centraliza todos os dados dos clientes e, ao mesmo tempo, lhes oferece serviços em tempo real e várias opções de personalização.

A transformação digital da marca já provou o seu valor. Durante a recente crise financeira e econômica, o valor da Burberry cresceu.[44] Entre 2010 e 2014, o preço de suas ações subiu de 400 libras para 1.400. A digitalização bem-sucedida da marca clássica não passou despercebida no mundo dos negócios. Em outubro de 2013, Angela Ahrendts foi contratada pela Apple e agora lidera sua divisão de varejo.

DE UMA ESTRATÉGIA ORIENTADA PARA O CLIENTE A UM ECOSSISTEMA DIGITAL

Foi na década de 1990 que James Moore descreveu pela primeira vez uma paisagem competitiva como um ecossistema. Em sua opinião, as leis da natureza eram uma metáfora melhor para uma estratégia empresarial do que as leis do campo de batalha. Por quê? Porque em um ecossistema todos os diferentes organismos precisam viver juntos.[45] Em sua própria e incomparável maneira, a natureza tenta manter todos esses diferentes elementos em equilíbrio harmonioso. A internet também funciona como um ecossistema: todos os seus contribuintes mantêm a web mundial ativa e útil. Disney World, Burberry, Apple e Amazon são empresas que conseguiram desenvolver um ecossistema de sucesso por conta própria.

Um ecossistema digital é a interação entre os diferentes canais (on-line e offline), o consumidor e outros parceiros relevantes (fornecedores, blogueiros etc.). O relacionamento com o cliente digital está incorporado em um ecossistema digital. Esse sistema coloca o cliente no centro de tudo e liga todos os outros possíveis contatos e momentos de contato entre si. Esses momentos incluem a utilização do produto, uma visita ao ponto de venda, um e-mail, uma compra etc. O número de possíveis interações com clientes é maior do que nunca. Toda interação gera dados. A preservação e o processamento desses dados são a base sobre a qual o ecossistema digital é construído.

1. O ecossistema dispõe de uma base de dados única e centralizada, na qual são armazenadas todas as informações pertinentes.
2. Com esses dados, o cliente recebe informações personalizadas em tempo real. Em um relacionamento perfeito com o cliente digital, a empresa sabe o que os clientes querem antes deles mesmos. Em outras palavras, o relacionamento com o cliente torna-se mais rápido do que em tempo real. Isso significa que, em pouco tempo, Coolblue saberá qual o novo produto multimídia que pretendo comprar antes mesmo de ter tomado a minha decisão.
3. Por fim, um bom ecossistema trabalha com um modelo de parceria. Como empresa, você precisa fornecer a melhor experiência ao cliente. Ao colaborar com outros e compartilhar conhecimento abertamente, você aumentará sua velocidade de resposta e aumentará o número de opções para o cliente.

O árbitro final de um ecossistema digital é como o cliente se sente. Se o cliente experimenta uma boa sensação de atendimento ao cliente graças a uma perfeita interação de diferentes momentos de contato, o ecossistema cumpriu o seu objetivo. Afinal, é assim que funciona um ecossistema: coloca o cliente em uma posição central e permite que vários canais trabalhem à sua volta em perfeita integração.

Figura 3.2 ***Um ecossistema digital***

1. *Centralização de dados*. Os muitos pontos de contato (aplicativos, sites, redes sociais, telefone, lojas de varejo etc.) disponíveis para os clientes geram dados. A existência de uma base de dados central única para coligir e coordenar esses dados é essencial para o funcionamento do ecossistema. A Apple trabalha com apenas uma ID por cliente – a Apple ID. Dessa forma, eles centralizam todos os dados que fluem entre seus diferentes canais.

   Todos os aparelhos Apple estão ligados entre si através da Apple ID. O iCloud também está vinculado a Apple ID. Todos os dados relevantes do cliente são adicionados a esse ID no banco de dados central. Se um cliente perder seu iPad, ele sabe que, em uns cinco minutos depois de comprar um novo aparelho, todos os seus dados pessoais podem ser restaurados. Da mesma forma, o iTunes está disponível em todos os aparelhos da empresa. No seu novo livro *The Network Always Wins* (2015),[46] Pieter Hinssen escreve sobre a transformação de dados. Eles são tradicionalmente armazenados em um banco de dados estático. Essa é a razão pela qual o CRM (customer relationship management – gerenciamento de relação com clientes) se tornou uma decepção cara em tantas empresas. Por definição, os dados do cliente nunca são estáticos. Em outras palavras, os detalhes do cliente em um banco de dados estático estão quase sempre desatualizados. Manter esses dados atualizados em um banco de dados estático é quase impossível. Hinssen descreveu com precisão: "Os dados costumavam ser tratados como garrafas cheias de água. As empresas eram hábeis em armazenar muitas dessas garrafas. No entanto, os dados precisam ser tratados como a água corrente de um rio. Eles estão *sempre* em movimento. O truque para as empresas de hoje é controlar esse fluxo."

2. *Mais rápido do que em tempo real.* Graças à centralização dos dados, é possível personalizar mais ou menos qualquer coisa para o cliente em tempo real. Cada cliente tem um background diferente e a necessidade de informação difere de pessoa para pessoa. Sites e aplicativos podem se ajustar segundo os dados disponíveis para aumentar a relevância das informações que os clientes fornecem. No passado, era aceitável que eles esperassem um ou dois dias por informações personalizadas. Mas já não é o caso. Elas devem ser fornecidas imediatamente.

Visitei recentemente a Disney World para testar o sistema MyMagic+. Depois de fazer minha reserva no site da Disney World, recebi um e-mail do hotel – não era uma resposta automática, mas personalizada. Começou: "Querido Steven, obrigado pela sua reserva. Vemos que vai viajar com os seus filhos. Os seguintes restaurantes são adequados para dar aos seus filhos um dia de passeio inesquecível." Depois de dez minutos que reagi positivamente às sugestões, recebi outro e-mail. Quando olhei para o meu aplicativo Disney Experience um minuto depois, minhas reservas já estavam gravadas no sistema. Essas atualizações em tempo real em diferentes canais de comunicação geram uma sensação de confiança.

O Rainfall Radar é um aplicativo gratuito que permite você visualizar imagens de satélite em tempo real, para que você possa acompanhar o movimento das zonas de chuva. O meu pai, com 65 anos, é viciado nisso. "Só há um lado negativo", disse ele recentemente. "Só se pode seguir a evolução das zonas de chuva em duas horas." Os consumidores de hoje exigem mais rapidez em tempo real. Querem que lhes sejam disponibilizadas as informações corretas. Um bom ecossistema é capaz de fornecer essa informação. Saber o que os clientes querem antes que eles mesmos saibam é o desafio. Mas é um processo delicado. Deve corresponder aos desejos reais dos clientes.

3. *Modelo de parceiro*. Em um ecossistema digital, o cliente é o centro de tudo. Isso não requer apenas a transformação de uma organização de canal único para uma organização voltada para o cliente, mas também exige um alto grau de abertura em relação a outros parceiros. A Apple não cria todos os aplicativos disponíveis em sua loja de aplicativos. A empresa abre seu sistema para que outros possam contribuir com ideias. Isso é perda zero: beneficia a Apple, os consumidores e os parceiros participantes. Esse tipo de abertura está se desenvolvendo em vários setores diferentes. O setor automobilístico, anteriormente tido como um setor fechado, é um exemplo. Os automóveis do futuro não serão produzidos apenas por fabricantes de automóveis. Se considerarmos um automóvel como uma espécie de smartphone gigante, o número de possibilidades de desenvolvimento de aplicações é considerável. Tal como a Apple, a General Motors abriu a

sua rede para que designers externos possam trabalhar em novas aplicações para automóveis da GM. O nível de abertura é de grande alcance e inclui pormenores sobre o motor e os aperfeiçoamentos tecnológicos do veículo.[47]

A Walgreens, uma rede de lojas americana que vende produtos de saúde, é outra grande empresa que disponibiliza dados de clientes para seus parceiros.[48] Um bom exemplo é sua ligação com o QuickPrints. Isso permite que os clientes imprimam suas fotos de smartphone nas lojas Walgreens, o que é mais um exemplo de perda-zero. A Walgreens recebe mais visitantes nos seus pontos de venda. Os designers de aplicativos veem seu aplicativo ganhar mais valor. Mas o maior vencedor é o consumidor, que se beneficia de uma oferta mais ampla e de um serviço melhor do que o anterior.

A abertura é uma boa ideia em teoria, mas pode ser difícil na prática. Nesse tipo de colaboração, ambas as partes devem ter o mesmo objetivo, ou seja, criar valor agregado para o cliente, aumentando a dimensão total do mercado. Simultaneamente, têm também um objetivo contraditório e mais competitivo, relacionado com a forma como repartem esse valor agregado adicional.[49] A Apple certamente tem um ecossistema aberto, mas a maior parte do valor agregado resultante flui de volta para a própria Apple. Em agosto de 2014, a Uber também abriu sua plataforma para outras empresas.[50] Como resultado, companhias aéreas, restaurantes e hotéis podem usar a estrutura de aplicativos da Uber. Os clientes podem se beneficiar da facilidade de utilização da plataforma, o que cria valor para as organizações participantes. Porém, mais uma vez, a maior parte do valor financeiro vai para a Uber. Ao criar ecossistemas digitais desse tipo, as empresas terão de ser abertas e transparentes quando discutirem a questão de "quem recebe o quê". Entender que todos precisam receber uma fatia justa do bolo é um fator importante para garantir um sucesso duradouro. Já não é mais aceitável que todos os ganhos fiquem com uma única parte.

4
Do autoatendimento para a automação

EU QUERO TUDO. E QUERO AGORA!

Está incorporado nos nossos genes. Mesmo sendo crianças pequenas, queremos tentar tudo, fazer tudo sozinhos. E quando descobrimos que não podemos, recorremos imediatamente à ajuda dos nossos pais – e esperamos que eles nos ajudem.

Os consumidores modernos mostram o mesmo tipo de comportamento. A maior parte da diversão do e-commerce é procurar por todas as coisas que o interessam. Por exemplo, tentar encontrar o lugar perfeito para um feriado é muito mais divertido on-line do que em folhetos de agências de viagens, como fazíamos antes. A internet tornou o consumidor independente e aumentou a expectativa do consumidor em termos de serviço e velocidade. Cerca de noventa por cento das pessoas consideram a velocidade como um fator importante nas suas relações com uma empresa. Mas não para por aí: 89% querem clareza em relação ao próximo passo no processo de vendas; 88 por cento querem suas perguntas respondidas de uma única vez; e setenta por cento querem canais de comunicação sempre disponíveis.[51] Na verdade, os consumidores modernos querem tudo – e querem agora! Velocidade, disponibilidade e eficiência são as palavras de ordem.

Para muitas empresas é financeiramente impossível estar à altura dessas elevadas expectativas. Isso significa que elas têm apenas uma alternativa: soluções de autoatendimento. Essa é também uma expectativa concreta do mercado. Quando os bancos quase forçaram os consumidores a efetuarem as próprias transações bancárias através de serviços bancários on-line no final da década de 1990, houve um retorno negativo dos consumidores. Argumentou-se que os níveis de serviço cairiam. Mas, hoje, setenta por cento dos consumidores esperam soluções de autoatendimento das empresas com que lidam e quarenta por cento preferem o autoatendimento à interação com a empresa.[52] As coisas foram tão longe que hoje achamos estranho se precisamos ir ao banco para qualquer coisa. "Isso não pode ser feito virtualmente?" Que evolução!

RETORNO DA FELICIDADE

Nos últimos anos, o *Wit-Gele Kruis* (White-Yellow Cross), o especialista flamengo em cuidados domiciliares, tem digitalizado sistematicamente seus prontuários. As pastas em papel foram substituídas por tablets. No passado, a equipe de enfermagem precisava preencher grandes pilhas de papelada para cada paciente. Isso era feito no escritório ou, mais frequentemente, depois do serviço. Os arquivos podem ser escritos durante a visita ao paciente, poupando muito tempo dos enfermeiros, que podem tratar mais pessoas. A ambição é disponibilizar todas as informações relevantes sobre os pacientes a todos os interessados em tempo real. Outros enfermeiros, médicos e hospitais podem ver a informação (se necessário) quase imediatamente. Isso significa que todos os envolvidos estão sempre trabalhando com a informação mais atualizada sobre o enfermo. Significa também que é mais fácil para os enfermeiros ajudarem os pacientes uns dos outros. A transformação digital e em tempo real da informação torna todo o processo mais flexível. Aumenta a eficiência, melhora a qualidade para o paciente e proporciona um melhor ambiente de trabalho para o pessoal.

A relação com o cliente digital procura alcançar uma combinação notável: maior satisfação do cliente a um custo mais baixo. À primeira vista, essa combinação parece impossível. No passado, fornecer um serviço melhor e mais rápido significava fornecer mais pessoal. Se o seu centro de contato permanecer aberto durante mais meia hora, os seus custos de pessoal aumentam significativamente. Em uma relação de cliente digital, as empresas passam para o consumidor parte da responsabilidade pela prestação do serviço. E se o cliente pode assumir o controle de um processo digital que funciona bem, os níveis de satisfação do cliente aumentam. Isso significa que as empresas podem aumentar os níveis de satisfação e, ao mesmo tempo, reduzir a quantidade de pessoal, gerando poupanças significativas. A McKinsey calculou a diferença de custo entre o serviço "humano" e os novos métodos digitais. O serviço tradicional é muito mais caro. Se ele for considerado equivalente a 1, então o custo do autoatendimento é apenas [53] desse montante.

E não são apenas as grandes empresas que são capazes de adotar essa abordagem. A Motomethod, uma empresa de reparação de motocicletas, oferece aos seus clientes a oportunidade de prestarem assistência às suas próprias motos no seu ambiente técnico perfeitamente equipado. Os motociclistas fazem uma reserva on-line em uma garagem Motomethod, pagam uma taxa de aluguel e depois fazem as próprias reparações. Esse método aumentou o número de clientes. Consequentemente, os custos por cliente diminuíram, mas o volume de negócios aumentou.[54] Este é o retorno da felicidade.

◇◇

ESTUDO DE CASO: ANYTIME FITNESS CRESCE EM UM MERCADO DIFÍCIL

O mercado fitness é altamente competitivo e a lealdade do cliente é difícil de ser alcançada. Pelo fluxo de clientes ser tão grande e imprevisível, o setor

concentra grande parte do seu esforço na captação de novos clientes, atraindo-os com ofertas imperdíveis. Mas há uma exceção notável nesse mercado. Por onze anos consecutivos, a Anytime Fitness foi nomeada como a empresa que mais crescia no setor pela *Fortune*.[55] Ela também tem índices de fidelização superiores à média, e continua a encontrar um fluxo impressionante de novos clientes. No entanto, para conseguir isso, a Anytime Fitness usa a maioria dos mesmos ingredientes que os clubes fitness clássicos. Você pode treinar sozinho ou sob orientação, mas as áreas de treinamento são muito menores do que a média do setor, proporcionando uma atmosfera mais relaxada. Há também poucos membros do tipo do bodybuilder. Tudo é orientado para as necessidades da média e não para o cliente profissional. Fazer com que as pessoas se sintam confortáveis no ambiente da academia é prioridade máxima. Por essa razão, os clientes têm a possibilidade de escolher entre mais de cem programas de formação em vídeo, dirigidos a todos os níveis de interesse, que podem gerir por si próprios. É um excelente exemplo de um aplicativo de autoatendimento no mundo offline. Mas o que torna a Anytime Fitness única é a sua acessibilidade. Como o nome indica, as suas instalações estão abertas todos os dias da semana. Durante o horário de funcionamento publicado, os funcionários estão disponíveis para consulta, se necessário. Mas em todas as outras ocasiões os membros ainda têm acesso à academia. É aqui que os programas de vídeo se explicam. Muitas pessoas preferem treinar nessas horas não convencionais, quando as coisas estão mais calmas ou não há tantos olhos curiosos.

Chuck Runyon, CEO da Anytime Fitness, vê seu crescimento futuro vindo de além dos limites do clube fitness tradicional:

> *As locadoras de vídeo faliram por causa de um novo modelo de negócio. Um modelo que permitiu ao cliente assumir o controle do processo de uma forma mais rápida e eficiente. Vejo o nosso crescimento futuro no mundo do autoatendimento on-line, mais do que os clubes fitness clássicos.*

Com base nessa filosofia, a empresa lançou recentemente o www.anytimehealth.com. O site torna mais fácil para os membros gerir a própria dieta e treino.

As pessoas também podem seguir o treino, em vídeo, em casa. Todas as evoluções relevantes podem ser partilhadas através das redes sociais. Portanto, o crescimento da Anytime Fitness é atribuído a uma combinação única de três elementos-chave: uma experiência offline agradável, além de autoatendimento offline diário e semanal com autoatendimento on-line como back-up.

A prova final (embora ligeiramente bizarra) da sua forte relação com o cliente são as tatuagens Anytime Fitness. Em 2005, um dos donos do clube fez uma tatuagem: o logotipo da empresa. Desde então, mais de mil clientes e funcionários fizeram o mesmo!

AUTOATENDIMENTO EM TODAS AS FASES DO PROCESSO DE COMPRA

O autoatendimento não é apenas um serviço pós-venda. A filosofia dele é aplicável em todo o processo de compra. O consumidor também quer estar no controle durante as fases de pré-venda e venda e não apenas no pós-venda.

O usuário de celular passa muito tempo procurando informações digitais. No momento da redação deste artigo, em 2014, uma em cada seis buscas na internet era feita a partir de um aplicativo móvel.[56] Se um consumidor quiser comprar uma nova televisão, procura a melhor on-line e o melhor ponto de venda. Para produtos multimídia, setenta por cento dos consumidores veem o digital como o principal canal de informação.[57]

Nos mercados B2B, o impacto do marketing e das vendas (por exemplo, a chamada fria de prospectos, reuniões com clientes etc.) está diminuindo. Como vendedor, é cada vez mais difícil entrar em contato com os clientes. Os papéis foram invertidos. No passado, um vendedor telefonava para o cliente se tivesse algo. O cliente arrumava um tempo em sua agenda ocupada para ouvir as informações do vendedor sobre novos produtos e tendências do mercado. Hoje, é o cliente que chama o vendedor quando tem uma necessidade específica. Além disso, ele tem feito sua lição de casa on-line antes mesmo de ligar. No momento em que contatam um potencial fornecedor, 60 a 80% da sua decisão já foi tomada.[58] Em outras palavras, se uma empresa recebe uma pergunta desse tipo de um potencial cliente, a probabilidade de uma venda ser feita aumenta. O cliente já está muito mais adiantado no caminho da compra do que na era pré-internet. Com efeito, a fase de pré-compra está quase inteiramente nas mãos do cliente.

Até mesmo a compra real está se movendo firmemente na direção do autoatendimento. O e-commerce já ultrapassou o ponto de inflexão. Comprar coisas on-line já não é tão emocionante como costumava ser – agora é só um método eficiente para fazer um grande número de nossas transações. A probabilidade de um consumidor comprar uma televisão nova na internet é muito superior à de dez anos atrás. Se eles vão para o offline, isso é apenas para a confirmação da sua decisão ou para a conclusão puramente racional do processo de compra.

Mais da metade da população com acesso à internet compra regularmente produtos on-line. Nos últimos anos, o e-commerce cresceu a uma taxa de catorze por cento ao ano. Mas esse crescimento via computadores vem estagnando desde 2012.[59] Em contrapartida, a curva de crescimento das vendas via tablets está em ascensão. Em meados de 2014, metade de todos os visitantes das lojas virtuais acessam sites através de um celular.[60]

Naturalmente, o autoatendimento continua importante durante o período pós-venda. Pelo menos 35 por cento dos consumidores ainda preferem usar o telefone se quiserem fazer uma pergunta a uma empresa, mas 48 por cento optam agora por uma solução de autoatendimento, se houver uma.[61]

A crescente importância do autoatendimento em todas as fases do processo de compra veio para ficar e requer ajustes organizacionais sérios em muitas empresas. Mas vale a pena o esforço. No final, o consumidor recebe o atendimento que espera e as empresas ficam com menos custos.

Figura 4.1 ***Autoatendimento em todas as fases do processo de compra***

O AUTOATENDIMENTO DIGITAL É CADA VEZ MAIS IMPORTANTE EM TODOS OS SETORES

A indústria alimentícia é um dos setores mais importantes de todos. Em termos de volume de negócios, é o maior setor em quase todos os países. Existem também possibilidades de digitalização neste setor? Para muitas pessoas, a compra de mantimentos parece ser um processo clássico e imutável. Sem dúvida, as pessoas continuarão a ir aos supermercados da mesma forma que sempre foram. Afinal, muitas das suas compras lá são feitas por impulso, não são? Mesmo assim, o setor está olhando de perto para ver quais opções existem para digitalizar pelo menos algumas partes do relacionamento com o cliente.

Claro que nem todos os setores são iguais. A indústria de alimentos é o setor onde o on-line tem a menor pontuação como canal primário de informação. E as compras por impulso constituem, de fato, uma parte muito mais significativa desse mercado do que, por exemplo, o mercado multimídia. Como resultado, a tendência do autoatendimento digital é menos bem integrada do que em outros setores. No entanto, essa tendência existe – e continuará a crescer. Apesar da sua baixa pontuação em comparação com outros setores, uma em cada seis pessoas já considera a internet como o seu canal de informação mais importante sobre alimentação.[62]

A rápida evolução dos dispositivos e aparelhos móveis mudará radicalmente a forma como compramos nossos alimentos. Cerca de sessenta por cento das pessoas já utilizam os seus celulares para fazer as suas listas de compras. E 69 por cento gostariam de receber informações dos varejistas em seus smartphones.[63] Além disso, as compras de alimentos serão fortemente influenciadas nos próximos anos pelas atividades de algumas empresas estrelinhas digitais. Já foi feita menção à Amazon e ao seu Firefly (ver capítulo 3), mas o Google também tem planos na mesma direção. Um dos pontos-chave desse plano estratégico é, a longo prazo, "a entrega rápida de produtos alimentares em domicílio". Existem também numerosas iniciativas de menor ambição com objetivos semelhantes. O site belga *thuisafgehaald* (receba em casa) permite que os consumidores compartilhem alimentos e mantimentos entre si. Tem uma porção extra de espaguete? Então, por que não vende-la aos seus vizinhos? Nos Países Baixos, existe também um site "compre uma vaca". Este é um reavivamento digital da velha prática segundo a qual diferentes famílias se juntavam para comprar uma vaca inteira e depois partilhavam a carne. A única diferença é que agora você pode comprar uma vaca com estranhos que conheceu on-line.

A minha pesquisa mostrou que a digitalização da relação com o cliente tem um nível de prioridade mais baixo no setor alimentar do que em qualquer outro. Foi por essa razão que escolhi esse setor para mostrar que, mesmo nele, o autoatendimento digital vai aumentar. Essa marcha do progresso digital é irrefreável e vai dominar quase todas as indústrias do mundo. Para muitas empresas, essa transformação digital ainda pode parecer muito distante, mas todos os sinais estão presentes para mostrar que a mudança está chegando – e rapidamente.

AS PRÉ-VENDAS TORNAM-SE "VENDER SEM VENDER"

É um paradoxo fascinante. As pessoas gostam de comprar coisas, mas não gostam que as coisas que compram lhes sejam impostas. Para muitos de nós, um vendedor insistente é razão suficiente para deixar até mesmo as melhores lojas. Pela mesma razão, janelas pop-up se tornaram raras – ninguém gosta desse tipo de coisa. A arte moderna de vender deve visar ajudar e inspirar os consumidores, para que eles quase vendam os produtos para si próprios. É conhecida como "vender sem vender".

O setor de piscinas passou por uma fase difícil durante a recente crise econômica. Como muitas empresas de luxo, a River Pools and Spas, uma empresa americana de piscinas, estava quase afogando. Antes da crise, ela fazia uma média de seis instalações por mês. No decurso de 2009, essa média caiu para apenas duas. Além disso, cada vez mais clientes estavam cancelando as suas encomendas e pedindo o reembolso do depósito. Foi quando o CEO, Marc Sheridan, decidiu que era necessário ter uma estratégia de marketing nova. Em tempos bons, a empresa tinha investido 250 mil dólares por ano em publicidade. Sheridan decidiu cortar esse orçamento da noite para o dia. Em vez disso, optou por uma forma mais relevante de marketing. Fez uma lista das perguntas mais frequentes feitas por pessoas interessadas em comprar uma piscina. Para cada pergunta (passando por todo o processo de compra), ele escreveu um texto ou fez um pequeno vídeo explicativo interno. As pessoas que pensam em comprar uma piscina começam sua pesquisa no Google e não procuram por uma empresa específica. Em vez disso, fazem buscar por "qual é o custo anual da manutenção de uma piscina?" ou "qual é o melhor tamanho para uma piscina?". Como a empresa havia aumentado a relevância de seu conteúdo, muitas dessas pessoas encontraram seu caminho para o site da empresa – com resultados positivos. Graças a essa estratégia, a empresa conseguiu crescer durante a crise e o seu volume de negócios, em um mercado muito difícil, ultrapassou o seu antigo recorde, estabelecido em 2007 durante os anos de expansão.[64]

O orçamento de marketing foi reduzido para metade, mas o seu impacto duplicou.

O termo mais comum para esse tipo de marketing é *marketing de conteúdo*. É uma ideia brilhante, em princípio. Ele conta histórias e compartilha informações sem exagerar no discurso de venda. Infelizmente, o princípio nem sempre é executado de modo eficaz. Uma das estratégias mais frequentes é postar uma série de mensagens divertidas todos os dias nas redes sociais. O parâmetro mais importante para avaliar o sucesso é o número de likes e retweets. Mas, para atrair gostos, o conteúdo muitas vezes tem mais a ver com diversão e não apenas com as atividades da empresa. Como resultado, o nível de relevância diminui. Evidentemente, não há nada de errado em postar mensagens nas redes sociais – pelo contrário, ajuda a promover a venda sem ideia de venda. Mas lembre-se da diferença entre uma mensagem sem força e nenhuma mensagem. Alguns analistas também argumentam que só postar mensagens – até mesmo mensagens divertidas e não forçadas – nas redes sociais é uma oportunidade perdida. É como pescar sem anzol na linha. Você joga sua melhor isca no rio, mas o peixe morde a isca, tem um gostinho e segue em frente. Vender sem vender precisa de um anzol, para tirar o peixe do rio depois de tê-lo atraído. Esse anzol deve ser um meio próprio (site, app, etc.), que contenha mais conteúdo relevante e mais detalhado. Assim, a sua isca pode guiar – em vez de forçar ou impor – a procura de clientes para encontrar a informação que procuram. Quando os clientes encontram o seu site, ele vai aumentar suas chances de fazer uma venda. Além disso, o conteúdo dessa plataforma mantém o seu valor por um período mais longo. O impacto de um tweet é de cerca de uma hora; o impacto de uma mensagem do Facebook é talvez o dobro disso. Responder a uma pergunta relevante de um cliente tem um efeito muito mais duradouro. Já mencionamos que a maioria das pessoas inicia a sua pesquisa de informação no Google. Você pode encontrar atualizações pelo Google, mas não pode encontrar atualizações do Facebook e do Twitter.

Além de utilizar os canais certos, vender sem vender também envolve a distribuição de informações menos diretas sobre os produtos. Também deve oferecer relevância para o processo de compra do cliente em cada fase. Empresas como Coca-Cola e Kraft entenderam isso e exploraram bem esse potencial. Seus sites mais recentes têm muito menos informações sobre produtos do que as versões anteriores. Na verdade, nas suas páginas iniciais, não há praticamente nenhuma informação sobre o produto. Em vez disso, contêm o que se poderia chamar de inspiração ao consumidor. A homepage da Coca-Cola está repleta de inspiração sobre o tema da felicidade. O site da Kraft se concentra em receitas culinárias. Em outras palavras: excita o consumidor com as possibilidades que os produtos da Kraft oferecem, sem forçar ou mesmo nomear explicitamente os produtos em questão. Já não é uma questão de "olha como somos grandes e importantes". Em vez disso, tornou-se "o que podemos fazer por você, querido cliente?"

NO PÓS-VENDA, O AUTOATENDIMENTO É MAIS IMPORTANTE DO QUE O SERVIÇO NAS REDES SOCIAIS

As redes sociais vieram para ficar. Tornaram-se uma parte indispensável do nosso modo de vida moderno. Mais de um bilhão de pessoas compartilham seus altos e baixos no Facebook. Os tweets, no Twitter, decidem o que vai aparecer no jornal no dia seguinte. Em nenhum lugar, a comida é mais falada do que no Instagram. O YouTube é o segundo maior site de busca do mundo. Os jovens são loucos pelo Snapchat. E assim segue. Em meu primeiro livro, *The Conversation Manager*,[65] descrevi como a chegada das mídias sociais havia mudado a comunicação comercial de um processo unidirecional para uma conversa. O desenvolvimento do cargo de "gestor de conversação" foi um resultado direto desse livro – algo de que me orgulho muito. Os gerentes de conversação observam, facilitam e participam de conversas on-line.

Desde 2010, a oferta de serviços ao cliente através das redes sociais faz parte da estratégia da maioria das empresas com visão de futuro.

Muitas delas (por exemplo, KLM, Telenet, ING, Taco Bell, Coolblue, Starbucks, De Lijn e Plopsaland De Panne, para citar apenas algumas) têm uma boa pontuação pelo seu excelente serviço. De fato, não oferecer serviços de apoio ao cliente nas redes sociais não é mais uma opção. Isso já é evidente para os consumidores, mas ainda representa um desafio para as empresas. Em alguns dias, é difícil – se não impossível – dominar o constante fluxo de tweets e mensagens do Facebook. Quando isso acontece, a única maneira de atualizar o atendimento é aumentar o número de funcionários (internos ou externos) e, portanto, aumentar os custos. No entanto, a minha pesquisa mostrou que, em média, apenas dois por cento dos clientes recorrem às redes sociais quando querem fazer uma pergunta a uma empresa ou apresentar uma queixa.[66] Em outras palavras, esse serviço só é importante para uma percentagem muito pequena de consumidores. A maioria dos clientes ainda prefere o telefone e, cada vez mais, o autoatendimento. Esses clientes muitas vezes têm perguntas que não querem compartilhar nas redes sociais, principalmente se for sobre questões financeiras e de saúde. Então, um autoatendimento que funcione bem tem mais impacto do que responder nas redes sociais. Além do mais, isso não só atende às necessidades e expectativas de um maior número de clientes, como também reduz custos. O investimento em autoatendimento é, portanto, o mais indicado para muitas empresas. No entanto, apesar da aparente clareza dos números, está longe de ser um debate, e você não deveria utilizar automaticamente o conteúdo desse parágrafo para reduzir o serviço que oferece nas redes sociais. Isto seria um erro. Não só teria um impacto negativo direto em dois por cento dos seus clientes – muitas vezes os mais eloquentes e articulados dois por cento – como também poria em risco os muitos benefícios indiretos que um bom serviço de redes sociais pode trazer. Basta olhar para as relações-públicas apreciadas por empresas como KLM, Starbucks, ING e Coolblue, graças às suas respostas engraçadas ou inteligentes nas redes sociais. Esse valor é também um fator importante para ajudar a construir uma forte reputação da marca.

DO AUTOATENDIMENTO AO AUTOCONTROLE

O mundo de hoje é reativo. O mundo de amanhã será proativo.

A internet deu ao consumidor acesso à informação. As redes sociais acrescentaram transparência à equação. A digitalização traz autocontrole. Autocontrole – controle de todo o processo – vai muito além do autoatendimento. Hoje, o mundo é reativo. Se os consumidores têm um problema ou uma pergunta, vão em busca de uma resposta. O mundo de amanhã será proativo. Com autocontrole, o consumidor está sempre ao volante. Uma comunicação proativa perfeita significará que os problemas serão resolvidos antes mesmo de surgirem. Isso afetará todo o ciclo de compra. Desde a fase anterior à compra até a fase após, o consumidor terá muito mais controle sobre todos os aspectos do processo. Como resultado, as empresas terão de se adaptar muito mais aos desejos e expectativas dos seus clientes. Com o autoatendimento, o cliente fica feliz se conseguir uma boa solução on-line. Com o autocontrole, ele vai querer ficar muito menos dependente da boa vontade das empresas com quem negocia. Essa tendência não só terá um enorme impacto no mundo comercial, mas também na sociedade em geral. Setores como a saúde e a educação serão radicalmente transformados. O MIT já fala da "sua internet", onde o cliente controla os próprios dados, processos e relações.[67]

AUTOCONTROLE NA SAÚDE

O maior impacto dessa tendência será sentido, sem dúvida, no setor da saúde. O sistema atual é quase inteiramente reativo. Um consumidor espera até que uma doença seja diagnosticada e procura tratamento. Um tratamento é passado e todos fazem o que podem para restaurar a saúde perfeita do paciente. Infelizmente, esse tipo de cuidado está se tornando cada vez mais impossível. Toda a lógica do sistema precisa ser virada de cabeça para baixo. É muito mais barato evitar que as pessoas fiquem doentes do que curá-las. Imagine o que acontecerá se as pessoas puderem gerenciar a própria saúde em tempo real. Se todos dispuserem de informações cada vez mais precisas sobre os seus corpos, menos pessoas ficarão doentes. E, para aqueles que ficam doentes, o problema será mais facilmente identificável e o tratamento mais rápido. Muitas das doenças e até mesmo mortes de hoje são causadas por pessoas que têm muito pouca informação sobre a própria condição médica.

Os primeiros dispositivos que fazem parte de nossa vestimenta (por exemplo, Nike FuelBand, Fitbit etc.) já fornecem melhores informações ao consumidor médio. Quantos passos dão por dia, quantas vezes acordam durante a noite, quantas calorias queimam em 24 horas – esses são apenas os primeiros exemplos, muito limitados, do tipo de dados que ficarão disponíveis. Em um futuro relativamente próximo, todos terão um dispositivo que registra as leituras de sangue mais importantes em tempo real. A empresa Scanadu está trabalhando em um scanner médico que permitirá aos consumidores realizarem os próprios testes de sangue e urina. Não é ficção científica. O dispositivo existe e funciona. Durante uma visita recente à empresa, fiquei muito impressionado com a velocidade e precisão do scanner. A Cue, outra empresa em crescimento no setor médico, também desenvolveu um scanner. Colocando uma pequena barra primeiro na boca e depois em um mini scanner, é possível receber diagnósticos de certas doenças no seu smartphone. Se você esfregar a barra sobre a sua pele, ela lhe dará uma análise de sua ingestão de vitaminas com base nessa análise, você receberá conselhos dietéticos para corrigir qualquer deficiência. Isso pode parecer fantasia, mas não é. É o futuro e logo estará aqui. Esses e vários outros semelhantes em breve estarão à venda ao público em geral. Hoje, uma pessoa sensata vai ao médico uma vez por ano para um exame de sangue. Amanhã, a mesma pessoa será capaz de monitorar constantemente seus valores sanguíneos em tempo real. A disponibilidade generalizada dessa informação só pode conduzir a pessoas mais saudáveis.

Atualmente, muitos doentes se sentem frustrados com a falta de informação que recebem dos médicos e dos hospitais. Como paciente, você tem o direito de acessar os dados sobre o seu corpo, mas na prática isso raramente acontece. Os desenvolvimentos tecnológicos do tipo Scanadu tornarão as pessoas mais conscientes e mais capazes de exercer esse direito. Alguns médicos e farmacêuticos já ficam nervosos quando os pacientes começam a procurar informações na internet. Resta saber como eles reagirão quando os pacientes forem capazes de produzir análises sanguíneas em tempo real em seus smartphones.

É uma questão em aberto se a indústria farmacêutica irá de fato acolher favoravelmente essa evolução. Afinal, eles ganham o seu dinheiro com pessoas doentes, não com pessoas saudáveis. Seja qual for a reação das empresas farmacêuticas, os novos concorrentes e parceiros nesse domínio incluirão grandes operadores como a Apple e a Samsung. Ambas já trabalham nisso, mas isto é apenas o começo. O número de dispositivos de autocontrole no setor médico deverá explodir na próxima década. Até o Google tem ambições na área, e ambições muito impressionantes. Em uma carta recente dirigida aos seus acionistas, a empresa anunciou que pretende "resolver o problema da morte".[68] Segundo o Google, a morte é essencialmente um problema de informação (ou um problema de falta de informação). E, como o maior especialista em informações do mundo, ele se sente na obrigação de fazer algo a respeito. Com a informação e a tecnologia certas, é possível que, no futuro, as pessoas deixem de morrer – pelo menos, de acordo com o Google. Ele define o nosso corpo como hardware e o cérebro como software. Se o hardware falhar, eles gostariam de recuperar o software. Isso ainda soa muito futurista (e até mesmo se parece com *Matrix*), mas o fato de que mencionam isso como uma de suas cinco principais ambições do futuro é incrível e assustador.

◇◇

ESTUDO DE CASO: UMA ESCOLA SEM PROFESSORES E LIVROS

A *Ecole 42* é um projeto educativo ambicioso.[69] Esta escola francesa para engenheiros não tem professores nem livros. Também não tem mensalidades

– é gratuita. Mesmo assim, o seu objetivo é formar engenheiros da mais alta qualidade. A escola foi fundada pelo empresário francês Xavier Niel. Sua ideia é colocar todos os alunos (800 a 1.000 por ano) em um edifício. Cada aluno recebe um computador e uma tela grande. Então lhes é dada uma série de desafios. O briefing para esses desafios contém pouca informação. Cada problema é resolvido por uma equipe de quatro a cinco alunos. Eles devem utilizar a internet e trabalhar juntos para resolver o problema. Os desafios são difíceis, mas a avaliação dos alunos é simples: ou passam ou fracassam. O princípio da avaliação pode ser comparado com a fabricação de um carro. Um carro com apenas duas rodas não tem valor – o mesmo ocorre para um problema, já que meia solução não serve. A única solução aceitável é uma solução completa. Se o problema for resolvido corretamente, o aluno pode passar à fase seguinte. O treinamento dura de três a quatro anos e coloca um alto nível de expectativa sobre os alunos, que muitas vezes têm que trabalhar até cem horas por semana para resolver os desafios. São alunos de diferentes níveis. De fato, trinta por cento deles não conseguiram concluir com sucesso o ensino médio. Mas mais da metade vem de faculdades de tecnologia de classe mundial, como o MIT ou Stanford. No entanto, ninguém sabe disso durante o exame de admissão, quando não são feitas perguntas sobre os antecedentes dos candidatos. Talento e motivação são tudo o que conta. O número de inscrições é enorme – está mais difícil entrar na *Ecole 42* do que em Harvard. Apenas 4,5% consegue passar no exame de admissão, em Harvard, seis por cento.

A *Ecole 42* nos dá uma ideia da forma como as escolas e as universidades serão geridas no futuro. Os alunos terão cada vez mais controle sobre a própria educação. Hoje em dia, a maioria dos estudantes segue mansamente os clássicos cursos predeterminados estabelecidos pelas instituições educacionais. Nos próximos anos, eles terão uma gama muito maior de escolha. Os melhores não vão frequentar Harvard ou Stanford, mas, na realidade, vão compilar os próprios cursos adicionais com base no que melhor se adequa aos seus talentos: talvez um professor de Harvard para a disciplina A, e um professor do MIT para a disciplina B. A educação será muito diferente no mundo do autocontrole. As escolas vão perder o controle e os alunos vão ganhá-lo.

ESTUDO DE CASO: COURSERA

Coursera, um spin-off de Stanford, é uma plataforma on-line que dá aos alunos a oportunidade de fazer determinados cursos das melhores universidades gratuitamente. A sua visão é oferecer a todo o mundo educação do mais alto nível. Os alunos frequentam os cursos no próprio ritmo; é possível até colocar os professores em "pausa". Você também pode avançar ou retroceder as lições. E não há cobrança. Os exames são avaliados por colegas estudantes – e a pesquisa demonstrou que as avaliações assim realizadas não apresentam diferenças significativas em relação às avaliações realizadas por professores "reais".[70] Se os alunos quiserem um certificado no final do curso, podem comprar um por cinquenta dólares (se passaram, é claro). Isso é muito, muito mais barato do que o custo de um curso médio em Stanford ou Harvard. Durante a nossa recente visita, o professor Rudy Moenaert descreveu Coursera como "o YouTube das escolas de negócios". "Boas notícias para os professores das estrelas do rock; não tão boas para o professor universitário médio." No futuro, será comum que estudantes ambiciosos de uma universidade média façam um curso de Coursera ministrado, por exemplo, por um professor de Yale, que é um líder na sua área. E por apenas cinquenta dólares o estudante pode conseguir seu credenciamento com esse mesmo professor em sua própria universidade física. Resta ver, é claro, como reagirá o conferencista! Mas a reação das empresas já é clara. Minhas conversas com vários CEOs sugerem que eles são a favor desse desenvolvimento e o apoiarão. Para muitos empregos no mundo empresarial moderno, os cursos de educação tradicional estão se tornando cada vez mais inadequados, pois não ensinam as habilidades certas. As empresas precisam reeducar até mesmo seus melhores talentos quase do zero. Por essa razão, parece provável que, no futuro, as empresas recomendem aos seus potenciais recrutas quais as matérias que deverão seguir, as quais poderão organizar por si próprios através de opções de autocontrole, como o Coursera. Os dias da educação clássica parecem estar contados.

VOCÊ ACEITA AS MINHAS *CONDIÇÕES?*

Os consumidores têm de assinalar uma casa para mostrar que aceitam as condições da empresa com que negociam. Imagino que a maioria (incluindo eu) nunca tenha lido essas condições. Em 2012, Doc Searls, coautor do livro pioneiro *The Cluetrain Manifesto* (2000), publicou um novo livro chamado *The Intention Economy*,[71] em que discute o novo papel do consumidor no relacionamento com o cliente. Ele argumenta que os velhos papéis serão invertidos. No futuro, as empresas terão de aceitar as condições do cliente, e não o contrário. Os clientes de amanhã vão querer ter mais controle sobre os próprios dados e decisões. Sites como o Priceline já oferecem um mercado onde o cliente está no controle de cada coisa. Os potenciais clientes digitam o destino de sua escolha e a quantidade de dinheiro que estão dispostos a pagar. As empresas são livres para fazer ofertas diferentes para o cliente com base em seus critérios. Por outras palavras, o cliente pergunta: "Que agência de viagens está disposta a aceitar as *minhas* condições?"

Nos mercados de consumo isso parece revolucionário. Mas tem sido uma prática comum no mercado B2B há já algum tempo. Em uma relação B2B, o poder está há tempos com os compradores. Se um fornecedor quiser fazer uma venda, ele primeiro precisa entrar em contato com o departamento de compras do cliente. Esse departamento definirá uma série de condições para a venda. Entre essas condições está o preço que o comprador está disposto a pagar – o que também possui um longo processo. O fornecedor não gosta particularmente dessa forma de trabalhar, mas, no final das negociações, ainda se vê confrontado com a mesma pergunta de 64 mil dólares: "Aceitam ou não as minhas condições?" É uma questão de pegar ou largar. Nos próximos anos, essa tendência B2B será cada vez mais evidente no setor do consumo. Um consumidor com autocontrole estará muito mais consciente das suas relações com as empresas. Na verdade, eles vão assumir o controle da relação, que antes era da empresa.

Os mineiros costumavam levar canários para as minas. No momento em que os canários paravam de assobiar, eles sabiam que havia gases venenosos na área. Esses gases venenosos, como o monóxido de carbono e o metano, matavam os pássaros antes que os mineiros fossem afetados. Em outras palavras, os canários eram um mecanismo de aviso perfeito – e que salvou muitas vidas. O moderno equivalente aos canários são os sensores. Em um futuro próximo, haverá sensores em quase todos os cantos, desde a rodovia até aos planetas vizinhos no nosso sistema solar. Esses sensores recolhem informações e tomam decisões. Em pouco tempo, teremos sensores em nossas roupas, nossas máquinas de café, nossos termostatos de aquecimento e até mesmo em nossas torradeiras. Estima-se que, até 2020, o mercado de sensores valerá 29 bilhões de dólares.[72] A Gartner – empresa americana de pesquisa e consultoria em tecnologia da informação – prevê que, no mesmo ano, cerca de 26 bilhões de produtos de consumo com sensores integrados terão sido vendidos.[73]

No seu livro *The Age of Context* (2013),[74] Robert Scoble e Shel Israel descrevem como os sensores vão revolucionar as relações dos clientes. *The Age of Context* é sobre um mundo cheio de sensores e nesse mundo, os clientes deixarão de ter queixas. Os problemas serão identificados antes de surgirem. Os motoristas da Tesla já experimentam isso em seus relacionamentos atuais com clientes. Se o seu carro precisar de manutenção, um telefonema é feito e o motorista é convidado a marcar uma consulta. Isso é característico do contexto em que vivemos: inteligente e proativo. A interação entre todos os diferentes sensores vai garantir que viveremos em um mundo mais seguro ou mais confortável. Por exemplo, uma combinação de sensores pode garantir que a temperatura nas nossas casas seja sempre a correta. Os nossos eletrodomésticos – televisão, máquina de lavar roupa etc. – deixarão de avariar e serão reparados ou substituídos antes de surgirem problemas. É provável que as coisas avancem tanto que um dia você receberá uma nova máquina Nespresso em sua casa com a seguinte mensagem: "Caro cliente. Aqui está a sua nova máquina Nespresso. O seu modelo atual vai avariar amanhã. Como essa máquina ainda está na garantia, aqui está a substituta. Felicidades. Equipe Nespresso."

Um dos meus exemplos favoritos dessa nova tecnologia de sensores são as chamadas estradas inteligentes.[75] As estradas inteligentes se ajustam para refletir as condições meteorológicas prevalecentes e podem se comunicar com os motoristas sobre essas condições. Se a estrada estiver escorregadia, poderá projetar o que parecem ser cristais de gelo, para que os condutores tomem consciência do perigo. A iluminação da estrada acende automaticamente se detectar automóveis, e desliga para poupar energia quando não houver carros. Se os lugares de estacionamento para condutores com deficiência estiverem cheios, serão criados novos lugares em tempo real. A relevância da comunicação está sempre sintonizada com a situação atual.

TODO MUNDO TEM UM MORDOMO

Cada novo BMW tem um assistente pessoal. Se o condutor quiser encontrar um lava-rápido em uma área desconhecida, o assistente pessoal encontra um para ele e programa a rota no GPS.

Cada iPhone também tem um assistente pessoal – a Siri. A tecnologia Siri ainda não é perfeita, mas está melhorando a cada atualização. Por exemplo, você pode perguntar a ela sobre os detalhes da sua agenda. Ela também pode enviar qualquer e-mail que você tenha ditado. E é excelente em recomendar um bom restaurante local. O Google Now, a alternativa do Google, também pode ajudá-lo a planejar o seu dia. Com base nos detalhes da sua agenda e outras informações disponíveis, ele lhe dá feedback pessoal sobre a melhor forma de organizar o seu programa de trabalho.

No futuro, as nossas casas também terão um mordomo pessoal. Os vários sensores em nossas casas vão monitorar cada evolução relevante e tomar qualquer ação que possa ser necessária. Se for detectado um ninho de vespas no sótão, o mordomo fará com que a brigada de incêndio venha e o remova. Se não tiver chovido durante os últimos dias, ele providenciará para que o sistema de irrigação molhe a grama. O número crescente de sensores em nosso mundo aumenta o conhecimento geral do contexto de cada consumidor individual. Isso permite que um número crescente de decisões seja tomado (e de forma correta) pelo assistente digital. Os primeiros sinais dessa tecnologia já são evidentes. Algumas casas estão equipadas com sensores que ajustam as persianas e cortinas em função da luminosidade ou escuridão do cômodo. Mas isso é apenas o começo. Em pouco tempo, o mordomo digital vai coordenar as ações de uma dúzia ou mais de sensores diferentes na sua casa.

DO AUTOCONTROLE À AUTOMAÇÃO

Depois do autocontrole, a automação é a próxima etapa

A "era do contexto" e os sensores vão introduzir mais uma nova fase na relação com o cliente: uma evolução do autocontrole para a automação completa. Hoje em dia os clientes estão satisfeitos com uma plataforma na qual podem procurar aconselhamento ou encontrar soluções para os seus problemas. Amanhã, os clientes esperam uma proatividade perfeita. Na fase anterior à compra, o mordomo pessoal fará uma seleção de conteúdos relevantes, de uma forma que o Google de hoje pareça antiquado. A informação correta será automaticamente fornecida ao consumidor com base no seu contexto individual.

A automação é o próximo estágio: o superlativo, além do autocontrole. Se um produtor pensa sobre a inovação de seus produtos, no momento seus pensamentos estão focados em novos recursos e aplicações. No entanto, a inovação moderna deve se concentrar mais em novas possibilidades para uma melhor comunicação e maiores efeitos de rede entre diferentes produtos. A automação pode garantir que o cliente não precise mais fazer perguntas à empresa, pois todos os problemas serão resolvidos preventivamente. Isso significa que a automação também dará às pessoas mais tempo livre. Seria maravilhoso – pelo menos eu acho que sim – se todas as diferentes tarefas práticas e organizacionais da vida pudessem ser organizadas automaticamente para nós. O tempo que perdemos marcando consultas, telefonando para os centros de atendimento telefônico e resolvendo problemas de rotina é enorme. As empresas que podem organizar a automatização dessas coisas para os seus clientes vão ganhar – e muito.

A Wink, empresa que desenvolve aplicativos de autocontrole para o setor da domótica (automação de eletrodomésticos), enfrenta um novo desafio da Nest. A Wink construiu uma reputação de desenvolver ferramentas amigáveis que permitem que as pessoas exerçam um controle livre de problemas sobre suas casas. O proprietário pode controlar todas as funções cruciais da casa, quer esteja ou não no edifício. Mas a Nest leva as coisas um passo adiante, particularmente no desenvolvimento de termostatos inteligentes e detectores de fumaça. Com base no comportamento passado do proprietário, a tecnologia pensa por si mesma e toma as decisões certas. Isso significa que a temperatura da casa nunca será muito quente ou muito fria. Nos próximos anos, a filosofia da Nest conduzirá à criação de um ecossistema aberto no qual outros produtores (por exemplo, de pequenos eletrodomésticos) desejarão participar. Isso vai permitir eventualmente que todos esses aparelhos tomem as próprias decisões, de modo que a casa de todos será capaz de funcionar em um nível ideal, com o objetivo final de maximizar a experiência de vida para o proprietário. A Nest vai eventualmente substituir a Wink. A automação vai eventualmente substituir o autocontrole.

CADA SETOR TERÁ UMA RELAÇÃO AUTOMATIZADA COM O CLIENTE

A automação se fará sentir em todos os setores. Isso se tornará aparente primeiramente nos setores tecnológicos. O carro autodidata do Google é talvez o mais conhecido dos exemplos atuais. Mais cedo do que pensamos, muitos carros não precisarão ser dirigidos por humanos. O Walmart, por exemplo, já está trabalhando em uma nova geração de caminhões, com o objetivo final de criar uma frota de veículos automatizados,[76] o que oferece inúmeras vantagens. Não só reduzirá drasticamente o número de mortes nas estradas, como também reduzirá os níveis de emissões e diminuirá os engarrafamentos.

Em um domínio diferente, em julho de 2014, o LinkedIn lançou um novo aplicativo que permitirá a homens e mulheres de negócios ter melhores reuniões.[77] O aplicativo analisa a agenda do usuário. Se uma reunião for planejada com um determinado contato, o aplicativo fornece uma ficha para a reunião com todos os detalhes relevantes sobre esse contato. Esses detalhes são extraídos dos bancos de dados do LinkedIn ou de outros dados sobre o contato que estão disponíveis gratuitamente na internet. Essa informação deverá permitir que as reuniões decorram mais facilmente do que no passado.

A saúde é outra área onde podemos esperar uma automação rápida e de longo alcance. Por exemplo, até 2018, haverá uma "pílula" anticoncepcional automatizada, com a pílula física de hoje sendo substituída por um microchip.[78] O chip será implantado no corpo da usuária e permanecerá ativo por dezesseis anos. Sua tarefa é liberar uma dose diária de trinta gramas de Levonorgestrel, um hormônio usado na maioria dos métodos clássicos de contracepção atuais. O medicamento é armazenado em um minicontentor dentro do chip. Uma vez por dia, os selos desse contentor são derretidos por uma minibateria integrada. Se uma mulher quiser engravidar, pode desativar o chip utilizando o seu smartphone. A privacidade é, obviamente, um fator crucial desse aplicativo – é necessário ter certeza de que mais ninguém pode ligar e desligar o chip. Hackear dados financeiros é uma coisa; mas hackear um sistema de contracepção é outra, completamente diferente. As defesas do sistema têm de ser 100% à prova de hackers.

Atualmente, a maioria das pessoas já deve ter ouvido falar ou visto a impressão 3D. Mas os cientistas já estão trabalhando no desenvolvimento de uma impressora 4D.[79] A quarta dimensão é o tempo. Simplificando, a impressão 4D é uma tecnologia que permite que elementos separados se juntem para formar um novo todo. Isso significa que no futuro poderá ser possível para a Ikea desenvolver kits de móveis que se montem em sua própria casa. A automação pode estar só começando, mas progride a um ritmo muito rápido. Antes que percebamos, o futuro estará sobre nós.

Automação significa pensar mais em serviço e menos em produtos. O CEO da General Electric (GE), Jeffrey Immelt, acha que fazer essa transformação é a única maneira de uma empresa sobreviver nos próximos anos. Durante muitos anos, a maior parte do volume de negócios da GE provinha da venda de aparelhos. A digitalização em larga escala assistiu à chegada de novos atores no mercado. Essas novas empresas venderam software a clientes da GE para melhorar o desempenho dos produtos da GE. Não surpreendentemente, a GE não gostou e começou a investir fortemente no próprio software. Consequentemente, o volume de negócios da GE com serviços é agora superior ao seu volume de negócios com produtos.[80] Inspiradas por este e outros exemplos semelhantes, quase todas as empresas se tornaram, até certo ponto, uma empresa de software. O comentário feito pelo famoso empresário e investidor do Vale do Silício, Marc Andreessen[81], "O software está comendo o mundo", é mais do que nunca uma realidade. A automação do relacionamento com o cliente transformará cada indústria em uma indústria de software, e, como resultado, o produto se tornará subserviente ao serviço que presta.

RUMO A UMA RELAÇÃO COM O CLIENTE TOTALMENTE AUTOMATIZADA

O autoatendimento oferece aos consumidores a possibilidade, ainda que reativamente, de gerir as diferentes fases do ciclo de compra. O autocontrole introduz o elemento de proatividade. Com base nos dados disponíveis em tempo real, os consumidores adquirem uma atitude proativa. No futuro, o cliente vai apresentar as suas condições ao fornecedor e não o contrário.

A próxima fase desse desenvolvimento é a automatização total da relação com o cliente. Nessa fase, as informações corretas serão fornecidas automaticamente ao cliente e como resultado, certos processos, que antes exigiam a intervenção humana, passarão a ser realizados por máquinas, e mais bem executados. A automação pode ter um grande impacto na qualidade de vida das pessoas. Pode também ter efeitos positivos para a sociedade em termos de mobilidade, segurança, saúde e educação.

O relacionamento digital do futuro com o cliente será automatizado. Palavras como *digital*, *dados* e *on-line* se tornarão supérfluas. Em vez disso, serão elementos do novo estado normal de coisas. Não precisaremos pensar neles, porque estarão em todos os lugares. Concluir com sucesso esta transformação será um enorme desafio para muitas empresas. O sucesso só será possível através da integração do atendimento em cada detalhe da relação com o cliente. A base para esse sucesso deve ser o desenvolvimento de um ecossistema inteligente que permita que todos os seus diferentes canais trabalhem juntos de forma mais rápida e eficiente em tempo real. Movendo-se com o mercado e fazendo a transição primeiro de autoatendimento para autocontrole e depois de autocontrole para automação total do relacionamento com o cliente é o desafio. E é um desafio que vai mudar o mundo.

5
NÃO É "BIG DATA", MAS GRANDE RELEVÂNCIA

INIMIGO DO ESTADO

No filme *Inimigo do Estado*, de 1998, um senador é morto por não querer que o governo tenha uma visão muito profunda da vida privada dos cidadãos comuns. Por acaso, este assassinato é filmado e também por acaso as imagens chegam às mãos de Robert Dean (interpretado por Will Smith). O governo descobre e tenta quebrar a resistência de Dean por todos os meios possíveis. Eles colocam câmeras em toda a casa dele e microchips em todas as suas roupas. A conta bancária e os cartões de crédito estão bloqueados. No final, claro, Dean ganha. Ele leva as imagens à imprensa e expõe a maldade do seu governo. O direito triunfa e o mal é punido.

Esse filme esteve à frente do seu tempo na forma como mostrou como estamos todos ligados ao mundo digital. De fato, vivemos em um mundo com pagamentos digitais, imagens de vídeo e microchips. O processo de digitalização transformou nosso mundo em um mundo onde quase tudo pode ser traduzido em dados. Essa evolução tem inúmeras vantagens, mas alguns de seus aspectos, como *Inimigo do Estado* mostra, ainda são um pouco preocupantes.

Recentemente, o público sofreu com a questão de influência dos dados. Em junho de 2013, Edward Snowden, ex-funcionário da CIA e da NSA, serviço de segurança dos EUA, divulgou para a mídia como a NSA intercepta e analisa todos os fluxos de comunicação mais importantes do mundo. Isso mostrou que a privacidade de todos em todos os países, não apenas nos Estados Unidos, estava sendo violada em nome da segurança nacional e internacional. Algumas pessoas não se importaram. O argumento mais ouvido foi: "Não tenho nada a esconder, então podem controlar meus dados o quanto quiserem, se isso ajudar a deter os terroristas." Outros, porém, a viram como um ataque injustificado à liberdade individual, alegando: "A terra que se diz livre, a América, acaba de entregar um pedaço dessa liberdade." Uma coisa é certa: desde essas revelações, o próprio Snowden se tornou inimigo do Estado.

TUDO GERA DADOS

Um dos meus conhecidos conduz um Tesla. Um dia, ele quis que o seu carro fosse estacionado no serviço de manobristas do aeroporto. Ele entregou as chaves, o carro foi estacionado com sucesso e ele partiu em sua viagem de negócios tranquilo. No entanto, quando regressou, três dias depois, ficou surpreso ao ver que a bateria não estava totalmente carregada, pois tinha certeza de tê-la recarregado pouco antes da sua partida. O Tesla é um carro notável. Registra todos os movimentos que o veículo faz. Na verdade, o Tesla é quase um iPad com rodas e um motor. Isso significava que o proprietário podia verificar o histórico dos movimentos do carro enquanto esteve fora. Imagine a surpresa ao descobrir que o seu carro foi usado não uma, mas duas vezes em um período de 72 horas. A certa altura, durante as duas noites em que esteve fora, o carro foi conduzido duas vezes por períodos de quinze minutos, a uma velocidade máxima de 220 quilômetros por hora. Ele tirou uma fotografia dos dados na tela e os enviou para o proprietário do estacionamento, juntamente com sua queixa. No mundo moderno, a rastreabilidade de nossas ações aumenta a cada dia.

"Big data" também é como um Grande Irmão, o Big Brother. Os dados dominam a sociedade moderna. O consumidor de hoje é como um caracol, deixando um rastro viscoso de dados para trás, que mostra exatamente onde esteve. Na verdade, agora é quase impossível para alguém não deixar um rastro de dados como esse. A grande maioria das pessoas faz pagamentos digitais e todas as transações efetuadas com o seu cartão bancário ou através do banco on-line são registradas digitalmente. Quando você dirige até seu posto de gasolina local, o número do seu carro é gravado na câmera de vídeo. E, claro, o dispositivo que deixa o maior rastro de dados de todos é o seu smartphone. Os smartphones geram dados quase a cada segundo que estão em uso. Toda vez que você procura por informação. Todas as compras que fizer. Todos os e-mails que enviar. Todas as atualizações da sua agenda. Tudo isso deixa vestígios e todos esses vestígios são gravados.

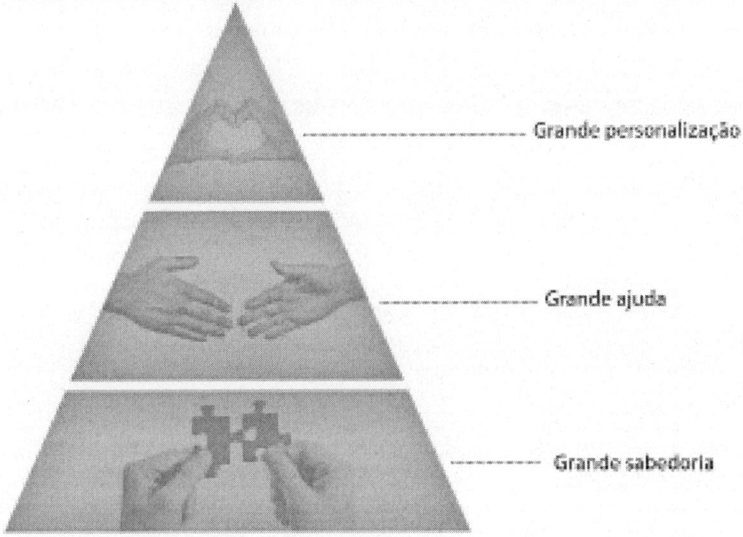

Figura 5.1 ***Modelo de grande relevância***

O Google consegue prever quando uma epidemia de gripe pode eclodir em uma determinada região só de analisar o comportamento dos habitantes da região. O Twitter pode prever com 95% de certeza como o mercado de ações se moverá nos próximos dias, com base nas emoções dos tweets.[82] Um Tesla sabe onde seu motorista esteve e a qual velocidade andou. A Nike sabe onde as pessoas gostam de correr nas grandes cidades do mundo, e até onde gostam de respirar. O LinkedIn sabe se alguém está à procura de um novo emprego. Lenta, mas seguramente, tudo está sendo transformado em dados. Cerca de 76 por cento dos consumidores estão conscientes dessa tendência.[83] Nos últimos anos, a maioria de nós perdeu a ingenuidade dos dados.

PALANTIR: COMO O BIG DATA SE TRANSFORMOU EM UM GRANDE NEGÓCIO

As origens do uso de big data são encontradas nas ações do governo dos EUA. Os ataques do 11 de setembro fizeram com que os EUA percebessem que precisavam analisar o uso de dados de forma mais inteligente. Depois da queda das Torres Gêmeas, os serviços de segurança ficaram chocados ao descobrir que todos os sinais de alerta de ataque funcionaram. Poderia ter sido evitado, se os dados tivessem sido analisados de forma mais rápida e aprofundada. Os americanos acreditaram que nada como aquilo deveria acontecer novamente e por isso investiram fortemente nos últimos anos em melhores técnicas de análise de dados. As revelações de Snowden mostraram ao mundo o progresso que fizeram.

A Palantir é um dos parceiros mais importantes do governo dos EUA nesse processo. Ela foi fundada em 2004, originalmente como produtora de uma ferramenta antifraude para proteger o sistema de pagamento PayPal. Os investidores originais não previram um futuro brilhante para a empresa, mas, após um período de dificuldade, um novo investidor chegou para salvar o dia. Esse dinheiro veio da IN-Q-Tel, a empresa de investimentos da CIA. Durante os primeiros anos, a

CIA foi o único cliente da Palantir, e a empresa permaneceu mais ou menos na sombra. No entanto, tudo isso mudou com a morte de Osama bin Laden.[84] No livro *The Finish*,[85] a caça a bin Laden foi discutida em detalhe, incluindo o papel crucial desempenhado pela Palantir na procura do seu esconderijo. De um dia para o outro, a empresa ficou famosa. Tom Davenport, professor de gerenciamento de TI e autor do best-seller *Big Data @work* (2014), chamou a Palantir de a empresa mais impressionante do mundo do big data.[86] Durante a minha visita à Palantir, o alto nível de segurança era visível: havia seguranças por todo o lado. O CEO tem o próprio guarda-costas pessoal, um ex-SEAL da marinha, 24 horas por dia com ele. Toda a atmosfera é de segredo e silêncio.

Dito isso, a Palantir já se tornou comercial e tem clientes importantes no mundo dos negócios. Esses clientes são atores importantes nos setores médico e financeiro. A Palantir está avaliada entre cinco e oito bilhões de dólares. Big data se tornou um grande negócio.

GRANDE RELEVÂNCIA

A expressão "big data" é uma das palavras-chave mais quentes do mundo dos negócios. E hoje em dia é um grande negócio para todos, não apenas para a Palantir. Os líderes da empresa estão bem cientes do valor crucial dos dados. De acordo com um estudo da McKinsey, as equipes de gerenciamento sênior consideram os dados como a dimensão mais importante para garantir uma transformação digital bem-sucedida. Mas, por estranho que pareça, os padrões de planejamento de investimento (ainda) não refletem essa atitude. Apenas metade dos altos gestores questionados pensava que o atual nível de investimento da sua empresa em big data era suficiente para garantir o sucesso da sua transformação.[87]

A forma clássica de recolher dados é através de uma abordagem direcionada. Se uma empresa tem interesse em um parâmetro específico, ela coleta dados relativos a esse parâmetro. Por exemplo, dados do cliente ou dados de vendas. Esses dados são relativamente fáceis de armazenar e analisar. No entanto, as empresas de hoje são confrontadas com desafios mais sérios de big data, que é uma amálgama de enormes quantidades de dados não estruturados em tempo real. Todas as fontes possíveis (por exemplo, redes sociais, internet, números de vendas etc.) são arrastadas. Juntos, eles representam uma enorme riqueza de informação. O único problema é descobrir quais partes dessa inundação de dados são relevantes.

O relacionamento digital com o cliente exige uma excelente estratégia de dados. Um dos desafios mais importantes é manter uma forte atitude de "cliente primeiro". O principal objetivo da estratégia de dados não deve ser um aumento de curto prazo no volume de negócios, mas deve se concentrar em aumentar os níveis de relevância na relação com o cliente. Em suma, big data é sobre grande relevância para o cliente. Os consumidores modernos esperam receber algum tipo de valor agregado em troca de todos os dados que fornecem. Para garantir isso, foi desenvolvido um modelo em pirâmide para mostrar como os dados podem ser usados para aumentar a relevância do cliente. O primeiro passo do modelo é a necessidade de maior conhecimento do cliente. Isso forma a base para todo o resto. No início de 2014, o grupo holandês de varejo BAS instalou a tecnologia beacon em suas lojas. Durante a fase inicial, o único objetivo era recolher mais informação sobre os hábitos de compra dos clientes. "O trabalho de marketing criativo só vem mais tarde", diz a empresa. As possibilidades de adquirir mais e melhor informação sobre os clientes nunca foram tão grandes (grande sabedoria).

O segundo passo da pirâmide é o uso dos dados coletados para fornecer um melhor serviço aos clientes. Deles, 44 por cento estão felizes em disponibilizar seus dados para análise, se isso resultar em uma melhor experiência do cliente (grande ajuda). O terceiro e último passo na pirâmide é o uso dos dados para personalizar produtos, serviços e comunicação: 41 por cento dos consumidores estão dispostos a partilhar os seus dados, se isso tornar possível essa personalização; e 46% gostariam de receber informação personalizada (grande personalização).[88] A combinação dos efeitos resultantes da utilização correta da estrutura em pirâmide conduzirá indiretamente, a prazo, a um aumento do volume de negócios da empresa.

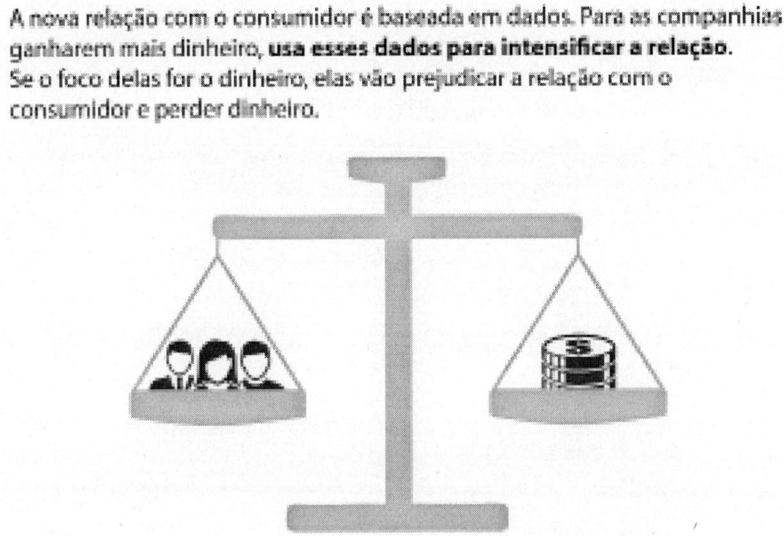

Figura 5.2 ***O benefício para o cliente e a empresa em equilíbrio***

DO BIG DATA À GRANDE SABEDORIA: O CONSUMIDOR PREVISÍVEL

No seu excelente livro sobre big data *O sinal e o ruído*,[89] Nate Silver aborda como é possível, com base em cenários, fazer previsões muito precisas. Silver ficou bem conhecido por prever os resultados da eleição presidencial de 2008, nos Estados Unidos, com uma precisão surpreendente. Suas previsões se tornaram realidade em 49 dos 50 estados. Durante as eleições de 2012, ele foi ainda melhor, prevendo os resultados com cem por cento de precisão. O poder da previsão está cada vez maior. Mesmo assim, ainda não se tornou uma ciência exata. Durante a Copa do Mundo de 2014, Silver previu que o Brasil venceria. De acordo com a sua análise, o país anfitrião venceria facilmente a

Alemanha nas semifinais. Infelizmente, os alemães venceram por 7 a 1. A Microsoft está trabalhando em um sistema de análise de big data semelhante que provou ser mais bem-sucedido, prevendo com precisão todos os resultados dos últimos 16 até a final.[90] Mas talvez seja bom esses sistemas nem sempre funcionarem, pelo menos no que diz respeito ao torcedor médio de futebol. Seria muito chato se sempre soubéssemos o resultado de cada partida com antecedência. O público precisa de um resultado de choque ocasional para ficar entretido.

Ainda assim, é preciso reconhecer que a capacidade da tecnologia de big data prever comportamento dos consumidores está melhorando a cada dia. Isso pode, por vezes, levar a situações estranhas. Um dia, uma menina de dezesseis anos recebeu um voucher de desconto para roupas de bebé da loja Target. O pai da menina viu o voucher e ficou indignado. Como se atrevem a insinuar que a filha dele estava grávida? Ele invadiu a Target local para se queixar. O gerente pediu desculpas pelo erro, disse que iria avaliar a situação e prometeu chamar o pai com uma explicação nos próximos dias. Mas, quando ligou de volta, era a vez do pai pedir desculpas. Ele tinha falado com a sua filha e ela confessou que estava grávida de três meses. As ferramentas de análise da Target lhes permitem prever com grande precisão quando uma das suas clientes femininas está grávida com base na combinação de produtos que compram. Nesse caso, a Target sabia que a menina estava grávida antes do seu próprio pai.[91]

Mais e mais empresas estão usando dados acumulados para fazer previsões sobre o comportamento dos clientes. Por exemplo, com base na idade, composição familiar e hora da consulta, os médicos podem prever se o paciente pode ou não aparecer.

No futuro, as universidades também utilizarão análises de big data em vez de exames de admissão para escolher os melhores candidatos. A menos conhecida Wichita State University (WSU) já usa esse método e, até agora, alcançou um nível de precisão de 96 por cento em sua capacidade de escolher bons alunos. Usando dados como as notas de papel de um aluno, a quantidade de horas que estão matriculados durante cada semestre, se estão trabalhando em tempo parcial ou em tempo integral ou não, a quantidade de assistência da família e uma série de outros fatores, a WSU pode prever quais estudantes são suscetíveis de encontrar problemas. A taxa de sucesso para o antigo sistema de exames de admissão foi de apenas 82 por cento. Em outras palavras, uma abordagem puramente analítica e racional de tais processos produz melhores resultados do que a abordagem mais subjetiva das agências humanas.[92]

DO BIG DATA À GRANDE SABEDORIA: MELHORES DECISÕES DE MARKETING

O Taco Bell, uma bem-sucedida cadeia de fast-food, é especialista em marketing de mídia social. Conteúdo inteligente e respostas divertidas para tweets têm sido sua marca registrada por vários anos. Porém, mais recentemente, ele começou a usar seus dados acumulados do mundo on-line para dar suporte ao lançamento de novos produtos. Lynn Hemans, diretora de insights competitivos do Taco Bell, explicou durante um seminário recente o quanto os métodos de lançamento de novos produtos mudaram nos últimos cinco anos. Novos produtos são lançados inicialmente em um mercado de teste. Durante essa fase, todos os dados recolhidos nos pontos de checkout (vendas) são ligados a dados relevantes nas redes sociais (feedback dos primeiros utilizadores). Os dados de vendas indicam se o conceito básico do novo produto tem atração suficiente para ter sucesso. Os dados das mídias sociais avaliam a percepção pública da qualidade do produto. Uma avaliação positiva de ambos os parâmetros é necessária para que o produto tenha alguma chance de sucesso comercial no mercado. A primeira gera "teste" e a segunda gera lealdade e publicidade boca a boca. Com base nessa fase de testes, o Taco Bell decide se deve ou não prosseguir com o lançamento de um produto completo. Na época dos dados pré-reais, esse tipo de decisões era tomado com base em estudos de mercado. Isso geralmente envolvia um tempo de espera de quatro a seis semanas antes que os primeiros resultados fiquem disponíveis.

Em seguida, são necessárias mais uma ou duas semanas para que os resultados possam ser avaliados e uma decisão tomada. As empresas trabalham com dados em tempo real, para que as decisões possam ser tomadas muito mais rapidamente. Esse é também o caso do Taco Bell. Se a empresa decidir avançar com o lançamento completo, a mesma análise de dados (números de vendas + reação nas redes sociais) é realizada. A experiência tem mostrado que essa análise pode prever o provável volume de negócios final do novo produto com uma taxa de precisão de 90%. Além disso, os dados também ajudam o Taco Bell a tomar melhores decisões de marketing. No passado, o plano de marketing era elaborado antes do lançamento. Esse plano era então implementado independentemente dos resultados do lançamento inicial. Hoje em dia, um plano provisório ainda é elaborado antecipadamente, mas os detalhes finais são discutidos e combinados em tempo real. Se um produto tem bons números de vendas, mas apenas um apoio limitado do boca a boca, uma campanha de marketing clássica ainda pode ajudar. Se o produto é objeto de numerosas conversas on-line, as dispendiosas estratégias de marketing clássicas podem ser atenuadas.

Quando a Netflix decidiu produzir a própria série *House of Cards*, o projeto foi previamente apoiado por análises de dados iniciais. Com base no comportamento de visualização dos seus assinantes – que apertam o botão “play” quase trinta milhões de vezes por dia –, a Netflix tem um verdadeiro oceano de dados à sua disposição. Além disso, também recebeu quatro milhões de comentários sobre seus produtos dos clientes. Essa riqueza de informação lhes permitiu avaliar quais os atores, enredos e extras poderiam atrair a audiência. Os resultados dessa análise os persuadiram a procurar o diretor David Fincher, famoso por seu filme *A rede social*, e o ator Kevin Spacey, para liderarem o projeto. *House of Cards* foi um sucesso fenomenal e foi transmitido mais de quarenta milhões de vezes em todo o mundo.[93] É um bom exemplo da utilização bem-sucedida de dados prontamente disponíveis.

Não são apenas os projetos comerciais que fazem uso dessa nova forma de inteligência de dados. Também pode ser valioso para os serviços públicos e para as agências governamentais. Por exemplo, os bombeiros de Amsterdã são capazes de prever as áreas onde os incêndios são mais prováveis de ocorrer só de analisar os dados que estão disponíveis na internet. Isso lhes permite realizar campanhas de prevenção e educação nas áreas de maior risco.[94] A cidade de Utrecht[95] elaborou, com base na localização das bicicletas recolhidas pelo seu departamento de recolha de lixo, um mapa térmico que lhes permitiu criar novos itinerários de patrulha e de recolha para ajudar a reduzir o problema. Muitos departamentos de polícia fazem uso semelhante de dados em seus esforços para se manterem um passo à frente dos criminosos. Steven De Smet, chefe da polícia de Ghent City, me disse como a análise dos dados da câmera em eventos públicos de grande escala pode ajudar a prever possíveis áreas de agitação. Certos padrões de movimento entre a multidão sugerem os lugares prováveis de briga. Identificar e localizar esses padrões permite que a polícia se movimente e previna o problema antes que ele comece.

Antes de mais nada, porém, os grandes volumes de dados são uma nova forma de obter informação sobre os consumidores. Nos próximos anos, a pesquisa de mercado tradicional será cada vez mais substituída por dados em tempo real, e isso permitirá que as empresas tomem decisões mais rápidas e melhores. Um dos principais objetivos do programa MyMagic+, do Disney World, é construir uma "grande sabedoria" sobre seus clientes. Da mesma forma, os setores bancário e de seguros também possuem a maior parte das informações cruciais de que necessitam para conhecer a vida dos seus clientes. Se uma criança nascer, se a pessoa mudar de casa ou de emprego, os banqueiros e as seguradoras serão sempre informados. Esse tipo de informação pode ser muito útil para obter informações mais aprofundadas sobre as necessidades e os desejos dos consumidores. Por outras palavras, a grande sabedoria é a base de uma estratégia de dados moderna.

O segundo passo visa usar os dados disponíveis para ajudar os clientes de forma proativa. Esse passo tem um forte impacto tanto no incentivo ao comportamento de retorno como na conversão de perspectivas em vendas. Em alguns sites, as pessoas precisam preencher seus dados pessoais cada vez que visitam. Sites mais inteligentes lembram esses dados, para que a nova venda se torne muito mais eficiente. Uma vez que, em muitos casos, as pessoas recorrem ao e-commerce na esperança de encontrar uma maior eficiência nas vendas, este é um ponto positivo significativo. Cerca de 48 por cento dos consumidores preferem que empresas armazenem seus dados pessoais básicos, para que não percam tempo tendo que preenchê-los de novo. Muitas organizações coletam dados para fins comerciais e não há nada de errado com isso, mas usá-los para aumentar o nível de serviço tem um impacto ainda maior. Se compartilhar os dados com as empresas ajuda a acelerar o processo, 81 por cento dos consumidores terão todo o prazer em fazê-lo.[96]

A empresa de software israelita NICE Systems ajuda os seus clientes a obter um melhor desempenho dos seus sistemas on-line. Um dos seus aplicativos é um tipo de "app dentro de um app". Sempre que um cliente não concluir uma transação, esta é imediatamente identificada pela NICE Systems. Imagine, por exemplo, que alguém quer reservar uma passagem aérea através de um aplicativo, mas por algum motivo a transação não acontece. Nesse ponto, o aplicativo NICE Systems perguntará ao usuário se esta foi uma transação com falha ou se ela foi interrompida por outro motivo. Se uma falha for confirmada, o cliente é imediatamente colocado em contato com uma pessoa na empresa responsável pelo aplicativo defeituoso. O cliente pode escolher entre chat ou telefone.

No futuro, as empresas resolverão os problemas antes mesmo que seus clientes estejam cientes deles. A Amazon tirou um direito autoral de um serviço que envia produtos para as pessoas antes mesmo que saibam que tais produtos existem.[97] A Amazon está convencida de que pode prever o que alguns clientes querem antes que eles mesmos saibam! Mas essa filosofia também pode ser aplicada de forma mais simples. Uma mensagem de seu provedor de telecomunicações para dizer que você não está usando o plano tarifário mais benéfico para o seu padrão de uso de telecomunicações é outro bom exemplo de grande ajuda baseada em big data.

DO BIG DATA À GRANDE PERSONALIZAÇÃO

Em seu livro *O paradoxo da escolha*,[98] Barry Schwartz mostrou que muitas opções de escolha para o consumidor tem um impacto negativo nas vendas. Uma loja com 24 sabores de geleia vende, regra geral, menos geleia no total do que uma loja com apenas seis variedades. O uso de big data pode superar esse problema, porque ele possibilita uma grande personalização. Um melhor enfoque nas preferências conhecidas dos consumidores em termos de produtos, serviços e comunicação ajuda na escolha dos consumidores. Quanto mais pessoal e relevante for o conteúdo comunicado a um cliente, um feedback positivo será mais provável e, eventualmente, o cliente fará uma compra. Em vez de mostrar aos clientes todas as opções da sua gama de produtos, o truque é mostrar apenas as três opções que mais lhes interessam. Na Amazon, 35 por cento de todas as vendas resultam de recomendações personalizadas; na Netflix, a porcentagem chega a 75 por cento.[99] A personalização é, portanto, o terceiro passo em sua estratégia de dados. É a melhor maneira de elevar a sua relação com o cliente digital a um nível mais elevado.

Muitos consumidores estão abertos à ideia de receber a mensagem certa (comercial) no momento certo. Minha pesquisa[100] mostrou que 33 por cento gostam ou gostam muito do conceito de publicidade personalizada. Os consumidores gostam de comprar. Por conseguinte, gostam de ter informação sobre os produtos – mas apenas informação relevante fornecida no momento em que mais precisam dela. A capacidade de gerenciar esse tipo de dado de forma eficaz será uma ferramenta importante para ajudar a alcançar o atendimento extremo ao cliente nos próximos anos. As expectativas dos consumidores continuarão evoluindo. Eles serão quase certamente menos tolerantes em receber a mensagem errada no momento errado.

Isso representa um sério desafio para o marketing moderno. Em vez de se concentrar no cliente médio, terão de se concentrar no cliente individual. O marketing clássico envolve conhecer e compreender o cliente médio, resultado muitas vezes da elaboração de um perfil tão geral que quase não fazia sentido. Muitas empresas têm "atletas homens com idades compreendidas entre 25 e 45 anos" no seu grupo-alvo. Esse tipo de perfil foi necessário para selecionar a mídia correta e ajustar a mensagem para refletir o público-alvo. Mas o problema de trabalhar com médias é que elas também produzem resultados médios. Um dos ditames clássicos do marketing é que "metade do orçamento de marketing é sempre desperdiçado; o truque é descobrir qual é a metade". Esse é o resultado da falta de atenção suficiente aos desejos e necessidades dos clientes individuais.

Já existem muitas formas diferentes de personalização em ação no nosso mundo moderno. As pesquisas do Google produzem resultados diferentes para pessoas diferentes, porque a busca pode identificar o que estamos procurando. Da mesma forma, a homepage da Amazon é diferente para cada visitante. Esse tipo de personalização também está se tornando cada vez mais comum. Quando o produtor belga de energia Nuon foi comprado pela Eni, a mudança de nome e as alterações contratuais necessárias foram notificadas aos clientes de forma personalizada.[101] A cada cliente (cerca de 180 mil) foi enviada uma nova proposta tarifária que deixava claro se a aquisição significaria uma redução ou um aumento de preço para o cliente em questão. Em outras palavras, a Eni optou para hiperpersonalização com base nos dados existentes do cliente. Não havia duas letras iguais e os resultados foram impressionantes. Para os clientes que podiam esperar uma redução de preços, a empresa atingiu 189 por cento do seu objetivo comercial. Para os clientes que teriam de pagar a mais, conseguiu 159 por cento, ainda mais notável. Quanto maior for o foco nas necessidades individuais, maior o impacto.

Nem todos estão convencidos. É comum ouvir as pessoas dizerem que as empresas devem se concentrar em usar seu small data (dados bem estruturados em um banco de dados da empresa) corretamente antes de tentar lidar com os desafios mais sérios de big data. Mas isso subestima o valor do poder preditivo deste último. Personalizar até mesmo questões relativamente menores com base nos dados de clientes existentes pode significar um grande passo para muitas empresas. Por exemplo, já comprei sapatos da Amazon em várias ocasiões. Por que não me oferecem uma seleção de sapatos standard do meu tamanho? Coisas como esta podem ser facilmente organizadas, tornando a experiência de compra muito mais agradável para o comprador. Muitas vezes parece que as empresas vão em busca dos desafios mais difíceis, em vez de lidarem primeiro com os mais simples.

CADA EMPRESA É UMA EMPRESA DE INFORMAÇÃO

A Nike é uma das poucas organizações capaz de escalar repetidamente os passos do sucesso da inovação. Ano após ano, a empresa pontua consistentemente bem na lista das cem empresas mais inovadoras da *Fast Company*. É também uma das raras organizações "antigas" que ainda se encontra no top 10 (às vezes, até em primeiro lugar). A missão da Nike é permitir que os atletas tenham seu melhor desempenho e, de acordo com a Nike, qualquer pessoa é um potencial atleta. Para cumprir a sua missão, a empresa investe fortemente na melhoria dos seus principais produtos, mas também em novos serviços. Como resultado, ela é agora muito mais do que um vendedor de artigos de moda esportiva e sapatos de corrida. A Nike+ foi responsável pelo desenvolvimento da excelente comunidade de corredores. A FuelBand foi um dos primeiros dispositivos de sucesso. Mesmo assim, a Nike tomou a decisão, em meados de 2014, de interromper a sua produção, uma vez que a empresa não pretende mais se concentrar em hardware. Em vez disso, a partir de agora, quer se concentrar no software e nos dados. Para ter o melhor desempenho possível, os atletas precisam de muitas informações sobre seus níveis de desempenho passados e atuais. Para tornar isso possível, a Nike evoluiu de uma empresa de moda esportiva para uma empresa de informação esportiva. Através da Nike+ e da FuelBand, a Nike adquiriu uma riqueza de dados sobre diferentes tipos de desportistas. Isso significa que a Nike pode ajudar todos os fanáticos por esportes a alcançar seus objetivos pessoais, e ela faz isso fornecendo a cada esportista ou atleta um conteúdo personalizado. Dessa forma, a empresa oferece um elevado grau de relevância ao seu público-alvo. Esse é mais um exemplo de como o relacionamento digital com o cliente transforma cada empresa em uma empresa de informação. A coleta, o intercâmbio e a análise de dados devem se tornar uma competência central de cada organização.

FANTÁSTICO OU ASSUSTADOR?

A empresa 23andMe fornece aos consumidores insights sobre o seu DNA. O seu slogan é: "Cuspa em um tubo de ensaio e nós lhe dizemos seu perfil genético." Essa empresa inovadora foi fundada pela esposa do fundador do Google. Tanto o Google como a Janssen Pharmaceutica estavam entre os primeiros investidores. Inicialmente, o projeto foi bem-sucedido e atingiu o seu objetivo. Os clientes receberam informações sobre a sua origem familiar e tiveram também a oportunidade de descobrir se poderiam ser portadores de certas doenças hereditárias, como câncer de mama ou Alzheimer. Mas, em tempos mais recentes, a empresa tem estado no centro de uma tempestade de protestos. No final de 2013, a parte preditiva da análise foi proibida pela Federal Drug Administration (FDA). Em uma primeira notificação, a FDA alegou que as análises de DNA efetuadas pela 23andMe não estavam corretas. Pouco depois, essa notificação foi retirada e substituída por uma nova versão que dizia que a informação fornecida estava correta, mas que a FDA duvidava que o consumidor médio pudesse lidar com as implicações dos resultados negativos.[102]

A era do big data oferece possibilidades nunca vistas, tanto às empresas quanto aos consumidores. O uso de dados inteligentes pode aumentar o conhecimento, níveis de automação e eficiência para todo o mundo. Os consumidores receberão mais insights sobre si mesmos do que nunca. Fantástico!

Há, no entanto, um lado ruim. A privacidade nunca mais será a mesma. A questão é se as gerações futuras se preocuparão com isso. Só o tempo dirá. Se você enviar um e-mail para seus amigos sobre um fim de semana em Barcelona e de repente encontrar anúncios em todos os lugares do seu computador sobre hotéis baratos na cidade, algumas pessoas podem achar isso útil, mas outras podem pensar que ultrapassa os limites do que é aceitável e agradável.

Considere o seguinte exemplo. Quando uma mulher em Nova York quis comprar uma nova panela de pressão, primeiro procurou informações no Google. A senhora queria tomar a decisão certa e examinou todas as informações que podia encontrar sobre o produto. Pouco tempo depois, ela queria comprar uma mochila, também on-line. Na semana seguinte, a casa dela foi invadida pela polícia. Toda a família foi interrogada sobre o que eles estavam planejando fazer com a panela de pressão e a mochila. A casa deles foi revistada de cima a baixo. Os serviços de segurança dos EUA informaram a polícia local sobre aquele comportamento "suspeito" na internet. Desde o ataque à bomba durante a maratona de Boston (um ataque envolvendo o uso de uma bomba escondida em um coquetel de pressão dentro de uma mochila), essa combinação de busca foi considerada como uma indicação de possível atividade terrorista.[103]

Algumas pessoas acham assustador quando as empresas começam a saber mais sobre elas. Imagine que o seu parceiro um dia recebe informações através do seu computador de casa sobre o seguro de vida, com base em uma análise dos dados que a companhia de seguros possui sobre a sua saúde. Isso pode teoricamente ser considerado útil, mas também é muito intrusivo. No momento em que empresas como Apple, Samsung e Nike decidem vender dados sobre a saúde dos consumidores às companhias de seguros, é possível que certas fronteiras sejam ultrapassadas, que nem o público e nem o mercado em geral gostariam de ver ultrapassadas. Essa é a corda bamba entre aprovação e desaprovação em que a filosofia do big data precisará caminhar nos próximos anos. A ação das empresas de big data será saudada com aplausos ou vaias? O truque será manter o equilíbrio na corda bamba sem cair de um lado ou do outro, uma vez que isso pode ter consequências prejudiciais para as relações com os clientes.

O LADO RUIM

Sem dúvidas, a discussão sobre os dados tem um lado ruim. Organizações como a NSA têm mais opções do que nunca para aprender sobre nossas vidas. No passado, era difícil para os serviços secretos recolher informações deste tipo. Eles precisavam entrar nas nossas casas para instalar câmeras escondidas e microfones. Agora as nossas casas estão cheias dessas coisas, e nós mesmos as colocamos lá! Cada smartphone é um dispositivo de escuta perfeito – as revelações de Snowden deixaram isso claro. Mesmo que o telefone não esteja ligado, a NSA e a CIA ainda podem usá-lo para escutar o proprietário. E se você sabe que o escritório do chefe da NSA é mais como um set de um filme de *Star Trek*, é fácil ter dúvidas sobre a forma como essas pessoas usam o imenso poder que têm à sua disposição.

Algumas empresas não são diferentes. Os principais jogadores muitas vezes obrigam seus clientes a abrir mão de parte da sua privacidade. Quando o Facebook exigiu que seus bilhões de usuários mudassem para seu próprio aplicativo de mensagens, também emitiu um novo conjunto de condições ao usuário. Ao concordar com essas condições, você dá ao Facebook acesso gratuito a todas as suas mensagens e o direito de usar a câmera e o microfone em seus dispositivos. Isso é levar as coisas um pouco longe demais, e em algum momento eu espero uma reação do público.

Chegará o momento em que os consumidores vão querer recuperar o controle sobre os próprios dados. No capítulo anterior, descrevi como, no futuro, os consumidores poderão impor as próprias condições às empresas. Muitas dessas condições dizem respeito à utilização dos dados. Gostaremos de dar a algumas empresas acesso aos nossos dados, mas não a outras. Da mesma forma, às vezes você vai querer desativar a função de rastreamento de dados, e às vezes não. Por exemplo, se você comprar vários presentes para um amigo na Amazon, não quer que esses presentes sejam incluídos no seu perfil; caso contrário, as futuras recomendações pessoais que receber não serão mais precisas.

Mas, ainda assim, nos próximos anos todos teremos de nos contentar com menos privacidade. Mesmo assim, isso acabará balançando na direção oposta, à medida que os consumidores se tornem cada vez mais conscientes do seu comportamento em matéria de dados. Se um consumidor dá a uma empresa acesso aos seus dados, espera algo concreto em troca.

DA CONFIANÇA AOS MELHORES RESULTADOS

As revelações de Snowden e outras histórias sobre abuso de dados deixaram o público desconfiado. Apenas 53 por cento têm confiança de que as empresas utilizam corretamente os dados dos seus clientes. A confiança no governo é ainda menor – apenas 47 por cento confiam que o Estado não vai abusar dos seus dados pessoais. Em março de 2014, o jornal holandês *Nederlandse Financiële Dagblad* publicou uma entrevista com o alto gestor do banco ING. Entre outras coisas, o gerente discutiu os planos futuros do banco para os dados. Os bancos sabem muito sobre seus clientes e essa informação pode ser muito útil para anunciantes. "Se alguém compra plantas no centro de jardinagem A, é interessante que o centro de jardinagem B saiba disso. Talvez o centro de jardinagem B gostasse de fazer uma oferta interessante aos clientes do centro de jardinagem A", diz o chefe do ING. À primeira vista, essa é uma ideia defensável. O meu banco sabe se estou pagando demais aos meus fornecedores de energia e telecomunicações. Nessas circunstâncias, uma oferta comercial melhor por parte de empresas alternativas pode ser considerada como um serviço adicional, que responde às minhas necessidades pessoais. No entanto, a maioria das reações ao artigo considerou a ideia abertamente comercial. O que não foi ajudada pelas manchetes usadas no jornal: "ING quer enriquecer com as operações de pagamento". Houve uma tempestade de protestos. O fato de o banco pretender vender pormenores das operações de pagamento dos seus clientes a anunciantes com fins lucrativos desequilibrou toda a situação. No entanto, esse é o mesmo modelo de negócio utilizado por várias outras grandes empresas, mas nesses casos o consumidor médio não parece se importar (ou se importa menos). Em parte, isso ocorre porque o Google e o Facebook oferecem o uso de um produto gratuito em troca. Isso torna mais fácil aceitar que você é tratado como um produto.

É importante, em circunstâncias desse tipo, atacar o equilíbrio entre os benefícios para a empresa e os benefícios para o cliente. Se esse equilíbrio for mantido, a confiança aumentará. Se a confiança for perdida, será muito difícil de restaurar. A confiança é a base do sucesso quando se lida com big data. Sem o grau de confiança necessário, os dados são inúteis. É por isso que é tão importante seguir a estratégia da pirâmide. Comece por aumentar estruturalmente o conhecimento sobre seu cliente antes de começar ações comerciais espetaculares.

Figure 5.3 ***O quadrante "Quando o digital se torna humano"***

Na relação com o cliente digital, os dados são integrados com os três elementos abordados nos capítulos anteriores. A versão moderna do atendimento extremo ao cliente necessita de dados para atingir todos os seus objetivos. Sem eles, é difícil cumprir os requisitos do checklist Angry Bird. Sem bons dados, a gestão eficaz do ecossistema digital será impossível, uma vez que este necessita da centralização de dados de diferentes canais para funcionar adequadamente. A automação também é impossível sem dados perfeitos. O relacionamento bem-sucedido com o cliente digital é baseado na filosofia de cliente em primeiro lugar, e usar big data dessa forma cria uma relação de confiança. Até mesmo a relação mais racional precisa de uma forma de confiança básica. Essa confiança pode transformar uma estratégia de big data em retorno financeiro. Para ilustrar uma relação de cliente digital, pense nos dados como gasolina e confiança como motor. A gasolina só funcionará dentro do motor de atendimento extremo ao cliente. Se você derramar a gasolina em um motor de lucro a curto prazo, a gasolina vai pegar fogo e queimar.

Por isso, certifique-se de fazer estas perguntas explicitamente na sua empresa: Por que vamos usar big data e para quê? Se as respostas estão ligadas a resultados financeiros diretos, a curto prazo, é preciso pensar melhor. Se houver um slide no seu PowerPoint que contenha o sinal de alguma moeda e as palavras "big data" no mesmo slide, altere-o. A combinação que você precisa alcançar é "big data = grande relevância". E a relevância só pode ser criada através da sabedoria, ajuda e personalização.

TRANSFORMAÇÃO DIGITAL: OS INGREDIENTES MAIS IMPORTANTES

Completar uma transformação digital é essencial se você quiser permanecer bem-sucedido nos próximos anos. Nos capítulos anteriores, descrevi os elementos que compõem essa nova relação com o cliente. Essa evolução trará as empresas para o lado certo do modelo "quando o digital se torna humano".

O consumidor escolheu: quase todos os elementos da nossa vida contêm agora um componente digital. Uma transformação digital é, portanto, uma condição indispensável para a sua sobrevivência futura como empresa. As empresas não digitais vão começar a ter dificuldades em poucos anos. A mudança está ocorrendo à velocidade da luz. Não há tempo a perder: é preciso fazer hoje as mudanças estruturais necessárias. Amanhã será tarde demais.

Os seguintes elementos formam o núcleo da transformação para uma relação de cliente digital:

- O rápido progresso do desenvolvimento tecnológico foi acompanhado por uma importante mudança nas expectativas dos consumidores. Digital primeiro = cliente primeiro. As empresas de sucesso no mundo digital são extremamente orientadas para o cliente.
- O relacionamento digital com o cliente leva a uma nova forma de excelência operacional que combina eficiência e um maior nível de experiência do cliente.
- Cliente em primeiro lugar significa atendimento extremo. Isso requer um modelo de negócio adaptativo. Os mercados estão em constante movimento. As organizações precisam antecipar ou acompanhar esses movimentos. Essa mentalidade também envolve um processo muito Angry Bird com o cliente, uma equipe de apoio trabalhando para o usuário final, uma equipe principal com mais autonomia e um sistema de avaliação que reflete o desempenho orientado ao cliente.
- Uma relação digital coloca o cliente (e não os canais) na posição central entre as diferentes interações. A diferença entre on-line e offline desaparece. Para ter sucesso nessa transição, é necessário criar um ecossistema digital.
- Um ecossistema digital é a interação entre todos os diferentes canais (on-line e offline), o consumidor e os parceiros relevantes (por exemplo, fornecedores e blogueiros). Esse sistema coloca o cliente na posição central e liga todos os momentos

de contato possíveis entre si. Um ecossistema digital funciona através da centralização de dados, mais rápido do que ações em tempo real e um modelo de parceiro aberto.

- Na relação com o cliente digital, a empresa procura garantir um "retorno sobre a felicidade" - aumentando o serviço ao cliente a um custo mais baixo. O autoatendimento é a única forma de perceber esse paradoxo de gestão.
- No futuro, os clientes terão cada vez mais controle sobre todos os aspectos de suas relações com empresas e organizações. O autoatendimento evoluirá para o autocontrole.
- O enorme aumento da utilização de sensores e da internet permitirá que o autocontrole evolua para a automação, que é a forma superlativa de autocontrole. A relação com o cliente do futuro é uma relação automatizada.
- Os dados são o combustível da relação com o cliente digital. Tudo no mundo pode ser convertido em dados. A evolução dos dados torna os consumidores mais previsíveis, o que significa que o marketing precisa de uma nova abordagem. Eles não devem mais se concentrar no cliente médio, mas no cliente individual.
- O objetivo mais importante da utilização de dados na relação com o cliente digital é a maior relevância. Se o cliente estiver disposto a disponibilizar seus dados, ele espera a otimização da sua relação com a empresa. A relevância pode ser melhorada utilizando o modelo de pirâmide de dados. A base dessa pirâmide é a geração de novos insights sobre os clientes (grande sabedoria). O segundo passo é a melhoria do serviço em todas as fases do processo de compra (grande ajuda). O terceiro e último passo é a personalização de produtos, serviços e comunicação (grande personalização).

PARTE 3

A transformação humana

INTRODUÇÃO

O mundo digital não deixa às organizações outra escolha a não ser enfrentar a transformação digital o mais rápido possível. No entanto, no futuro próximo, o digital se tornará uma commodity. Se cada empresa desenvolveu seu próprio ecossistema digital, tem uma boa estratégia de dados e começou a automatizar o relacionamento com o cliente, como será possível diferenciar uma empresa da outra? O relacionamento digital com o cliente leva à excelência operacional digital (eficiência e melhoria da experiência do cliente). Para a maioria das empresas, esta será uma condição mínima para o sucesso, mas será insuficiente para distingui-las dos concorrentes. As transmissões digitais podem ser de grande alcance, difíceis e dispendiosas. Mas, por si só, não são suficientes.

Em seu livro *Emotionomics*,[104] Dan Hill descreve o valor das emoções. O seu argumento é que uma forte relação emocional com um cliente leva a melhores resultados financeiros. Minha própria pesquisa também mostrou que 73 por cento dos consumidores querem uma relação pessoal e humana com uma empresa, mesmo que todos os canais digitais estejam funcionando perfeitamente. Uma relação moderna com o cliente necessita de uma digitalização completa e de um forte elemento emocional.

Esta terceira parte do livro descreve o momento em que o elemento humano (via emoção) traz valor agregado à relação com o cliente digital. Cada um dos quatro capítulos analisa o papel das pessoas no mundo digital. O primeiro desses capítulos pergunta se as pessoas continuam a ser relevantes em um mundo com automação e robôs. Ao ler os capítulos anteriores, pode ter parecido como se as pessoas se tornassem um elemento supérfluo na equação comercial, mas nada poderia estar mais longe da verdade. As pessoas formam a base para criar um vínculo emocional entre a empresa e o mercado (capítulo 6). Refiro-me ao contexto, para ter sucesso com esta intervenção humana, como "heartketing". Heartketing combina uma atitude positiva com uma ambição de longo alcance. Ele é a base para uma conexão emocional com o consumidor (capítulo 7). No capítulo 8, discuto em detalhe o valor do toque humano. Como esse toque humano pode ter um impacto maior do que o lado racional e tecnológico da experiência digital? Uma relação humana une as pessoas. Conectar as pessoas umas às outras e a uma empresa é a forma final de um relacionamento pessoal, e isso será explorado no capítulo 9.

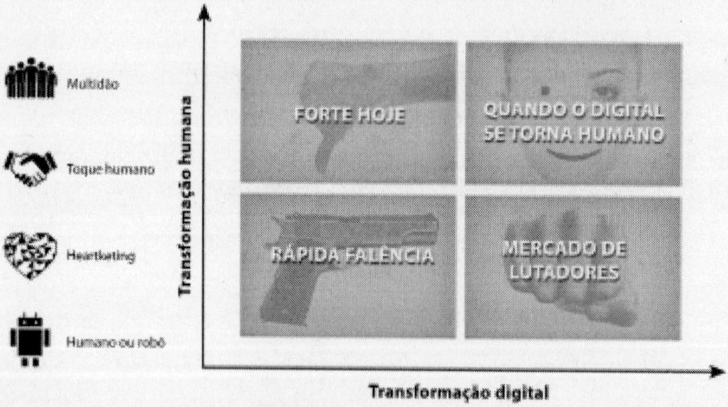

Figura 6.1 ***O modelo "Quando o digital se torna humano" os quatro passos necessários***

6
A TECNOLOGIA SE TORNA HUMANA

DA FICÇÃO CIENTÍFICA À CIÊNCIA

Uma das minhas séries televisivas favoritas quando criança era *A Super Máquina*. O carro esporte preto KITT era um veículo altamente avançado, pensante e autodidata. Juntamente com o seu piloto, Michael Knight (interpretado pelo astro de *Baywatch*, David Hasselhoff), liderava a luta contra o mal no mundo. O primeiro episódio foi transmitido em 26 de setembro de 1982. Era o meu sexto aniversário.

Hoje, muitas das tecnologias dessa série de ficção científica já existem. Os carros conectados agora têm um smartphone e aplicativos relevantes. As rotas são alteradas em tempo real para refletir as condições reais do tráfego. Os scanners infravermelhos permitem que os condutores saibam se há pessoas ou animais na estrada à sua frente à noite. Graças ao Google, o carro autoconduzido também se tornou uma realidade. Chamar o seu carro através de um relógio inteligente também parece ser uma possibilidade realista nos próximos anos. A única coisa que ainda não encontrei foi a função Turbo Boost. Por isso, *A Super Máquina*, para mim, sempre será único. Dito isso, muitas outras características da série de ficção científica da década de 1980 se tornaram realidade. Os scanners médicos de *Star Trek* parecem muito aos scanners Scanadu. *Star Trek* foi também a primeira série em que um tipo de celular e iPad foram usados. Até mesmo algumas das ideias da série de desenhos animados dos *Jetsons* já existem. Por exemplo, a família era famosa pelas suas conversas em vídeo. Hoje em dia, o Skype e o FaceTime desempenham a mesma função e se tornaram uma parte indispensável nas nossas vidas. A ficção científica virou ciência. A cada dia, novas e cada vez mais surpreendentes maravilhas da tecnologia são criadas, cada uma projetada para tornar o mundo um lugar melhor e mais confortável. Em meados de 2014, por exemplo, foi lançado um anel que permite aos deficientes visuais ler textos. Tudo o que precisam fazer é apontar o dedo na direção do texto que querem ler. Os scanners fazem o resto. No entanto, mesmo este engenhoso dispositivo é apenas um passo intermediário. Em um futuro não muito distante, é provável que as lentes de contato de alta tecnologia permitam que pessoas totalmente cegas leiam. O Google já solicitou uma patente para lentes que ligam um conjunto de pequenas câmeras ao cérebro.[105] A era dos milagres não está morta.

A SEGUNDA ERA DA MÁQUINA

A revolução industrial mudou o mundo para sempre. Ela aconteceu porque várias novas tecnologias diferentes se juntaram ao mesmo tempo. Em particular, avanços enormes e simultâneos foram feitos nos campos da mecânica, engenharia, química e metalurgia. Mas a tecnologia com maior impacto foi o desenvolvimento da energia a vapor. Esta permitiu que a produção fosse além das limitações físicas de homens e animais. Além disso, a nova tecnologia de vapor só precisou de uma década para se tornar plenamente operacional. Quando isso aconteceu, rapidamente lançou as bases para o desenvolvimento paralelo das estradas de ferro, o que revolucionou a mobilidade de uma forma jamais vista. O mundo estava mudando – e bem rápido.

Durante uma visita a Cabo Canaveral, vi o computador que foi usado para a missão Apollo 11, que levou homens à Lua em 1969. O computador foi alojado em um espaço quase do mesmo tamanho e forma de uma casa média de família. Hoje em dia, a tecnologia em nossos telefones é muito mais poderosa do que esse computador. Em 1982, o computador pessoal foi escolhido pela revista *Time* como o produto do ano. Na época, a sua tecnologia era considerada inovadora, e, na realidade, ela estava ainda só começando. A tecnologia digital está agora na fase da adolescência, rebentando por todo o lado. Tal como a tecnologia de vapor de há dois séculos, está evoluindo todos os dias. *A segunda era das máquinas*[106] (2014), dos cientistas do MIT, Erik Brynjolfsson e Andrew McAfee, descreve os mecanismos dessa evolução. Eles argumentam que o mundo está no limiar de uma segunda revolução industrial, uma segunda nova era em que as máquinas vão alterar totalmente a forma como vivemos e pensamos. Uma combinação de diferentes ondas técnicas (ver capítulo 1) vai iniciar o processo de mudança para overdrive. A primeira revolução industrial mudou o mundo porque tornou possível para a sociedade ir além das limitações físicas dos homens e animais. Essa segunda revolução industrial permitirá à sociedade ir além das limitações intelectuais da capacidade mental humana. Em séculos anteriores, a inovação podia ser considerada como o produto combinado de toda a capacidade cerebral do mundo. Quanto mais cérebros (pessoas), mais inovação havia. Mas se nosso poder cerebral humano combinado puder ser fortalecido pela adição do intelecto digital, o ritmo e a escala da inovação aumentarão drasticamente. As possibilidades são quase ilimitadas.

WATSON É MAIS ESPERTO DO QUE AS PESSOAS

Watson é o supercomputador da IBM. Esta maravilha da inteligência artificial é capaz de responder a perguntas que lhe são feitas em linguagem humana comum. Watson deve o seu nome ao primeiro CEO da IBM,

Thomas Watson. O computador foi originalmente concebido como uma demonstração do poder dos computadores modernos. O projeto Watson se tornou uma das mais inteligentes peças de estratégia de marketing já concebidas pela IBM. Ele foi autorizado a demonstrar a sua capacidade no popular programa de TV *Jeopardy*. No *Jeopardy* os candidatos recebem uma resposta e precisam formular a pergunta correta. Isso é um pouco mais difícil do que o formato tradicional de "perguntas e respostas" da maioria dos programas de TV. Em 2011, Watson (ou melhor, a IBM) aceitou o desafio de jogar contra dois campeões do *Jeopardy*, Brad Rutter e Ken Jennings. O supercomputador ganhou. Watson usou duzentas páginas de dados estruturados e não estruturados, suplementados pela Wikipédia,[107] como pesquisa para as suas respostas.

A primeira aplicação comercial do Watson foi médica e o primeiro cliente foi um hospital no Maine (EUA) especializado em câncer e doenças do sangue. Hoje em dia, os médicos estão sobrecarregados com uma avalanche de informações sobre novos projetos de pesquisa e novos conhecimentos científicos. É quase impossível ler todos esses novos dados, imagine aplicá-lo na prática. Samuel Nussbaum, um dos principais especialistas em câncer, admitiu que os médicos só escolhem o programa de tratamento certo em cerca de cinquenta por cento dos casos diagnosticados.[108] Os primeiros testes com Watson deram resultados muito melhores do que as escolhas dos peritos humanos. Até 2020, a IBM espera que a percentagem de tratamentos corretos aumente para 90 por cento, o que significará não só uma enorme melhoria para os pacientes, mas também uma enorme poupança para o sistema de saúde. Até 2012, Watson já tinha "estudado" 605 mil boletins médicos, duas milhões de páginas de texto e 25 mil casos práticos. E à medida que os processadores de computador se tornam mais poderosos, as conclusões de Watson ficam mais precisas.

AUTOMAÇÃO HUMANA

Robôs e computadores inteligentes estão gradualmente fazendo sua entrada na sociedade humana. Como essas máquinas estão se tornando mais inteligentes o tempo todo, a capacidade intelectual total (ou poder cerebral) do nosso mundo aumenta rapidamente. Quanto mais rápido essas máquinas forem capazes de analisar os dados, mais serão capazes de nos ajudar. Mas não será apenas uma questão de ajuda. As máquinas vão automatizar gradualmente um número crescente de tarefas hoje realizadas por pessoas. Durante a primeira revolução industrial, os lenhadores foram substituídos por máquinas de serrar madeira. Durante a segunda revolução industrial, o pessoal do call center será substituído por computadores inteligentes. Muitos centros de atendimento telefônico já trabalham com um roteiro para os seus operadores telefônicos, e, em um futuro próximo, existirão computadores capazes de ler esses roteiros tão bem ou melhor ainda. Os computadores nunca ficam cansados ou irritados e são muito mais eficientes. Os funcionários dos call centers são os primeiros na lista de trabalhos a serem tomados pelas máquinas.[109] A Amazon altera os seus preços até 2,5 milhões de vezes por dia. A estratégia de determinação do preço é monitorada por um algoritmo. Procura o melhor preço para cada produto em cada momento do dia. Essa automação aumenta a eficiência e o impacto no mercado. As pessoas nunca seriam capazes de fazer o mesmo da mesma forma.[110]

Na Holanda, o grupo de mídia *Telegraaf* organizou uma concorrência entre os seus vendedores e um grupo de robôs de vendas. Se o custo de venda por anúncio vendido for inferior com os robôs, prevê-se que a equipe humana de vendas seja eventualmente substituída.[111]

No final de junho de 2014, a Associated Press (AP), a maior e mais antiga agência de imprensa do mundo, anunciou que os artigos sobre os resultados trimestrais das empresas seriam automatizados no futuro.[112] Em outras palavras, esses artigos não serão mais escritos por jornalistas, mas por computadores. Os custos da AP diminuirão e o número de peças de conteúdo aumentará dez vezes. Antes desse anúncio, cerca de trezentos artigos sobre os resultados das empresas eram publicados a cada trimestre. Com sua nova estratégia, a AP espera aumentar esse número para 4.400 considerando o mesmo período.

QUASE PRONTO PARA PASSAR NO TESTE DE TURING?

O teste de Turing mede a capacidade de uma máquina de agir como se fosse um ser humano. O teste foi inventado por Alan Turing, em 1950. No seu artigo "Computing Machinery and Intelligence",[113] ele fez a seguinte pergunta: "Será que os computadores pensam?" Pensar é um conceito difícil de demonstrar. Consequentemente, ele redefiniu a pergunta como: "Os computadores podem imitar as pessoas?". Desde então, essa pergunta tem sido conhecida como o teste de Turing. Para decidir se um computador é capaz de passar no teste, uma conversa é organizada entre um humano e uma máquina. Se a pessoa pensa que está falando com outra pessoa, o computador passou no teste. O teste não se destina a dar respostas concretas a perguntas específicas. Trata-se de ser humano. O teste é puramente textual, sem som.

Em junho de 2014, foi divulgada a notícia de que um computador tinha conseguido passar no teste de Turing pela primeira vez. O computador russo conhecido como Eugene Goostman convenceu 33 por cento dos membros do júri de que era humano. Mas os críticos foram rápidos em esfriar com a euforia. "Esse computador falhou no teste de Turing", disse Joshua Tenenbaum, especialista em inteligência artificial do MIT.[114] Primeiro, apenas 33 por cento dos membros do júri estava convencido. Em segundo lugar, o sujeito do teste artificial foi retratado como um menino ucraniano de treze anos, com o inglês como segunda língua. Isso permitiu que o computador cometesse muitos erros que seriam inaceitáveis em outras circunstâncias. Como resultado, o teste perdeu sua credibilidade para a maioria dos observadores. Na verdade, muitos cientistas duvidam agora que esse teste de sessenta anos de idade ainda seja adequado para a tecnologia moderna. Mesmo assim, muitos cientistas da computação ainda sonham em ser os primeiros a ter sua "máquina" aprovada no teste de Turing. E um dia, em breve, isso vai acontecer. As pessoas gostam de construir computadores com qualidades humanas. Com o passar do tempo, nossa moderna tecnologia será injetada com cada vez mais características humanas.

Todas as evoluções apontam na mesma direção. Em um determinado momento, a nossa tecnologia terá um toque humano. Nesse momento, quando o digital se tornar humano, as organizações poderão oferecer um serviço humano através de seus canais digitais. Em agosto de 2014, a IBM lançou um novo chip chamado True North.[115] Esse chip é mais parecido com o cérebro humano do que nunca. Ele tem múltiplos núcleos e mais de um milhão de neurônios. É verdade que o chip só tem o poder cerebral de uma abelha, mas um grande grupo de abelhas juntas é muito poderoso. Isso já é suficientemente espetacular, mas imagine o que acontecerá nos próximos cinco a dez anos. Aproxima-se o dia em que já não será possível distinguir entre uma voz de computador e de uma pessoa real. Quando o digital se torna humano é sobre a adição da humanidade à relação com o cliente, mas também sobre encontrar maneiras de conduzir essa relação aparentemente humana por meios digitais.

Ask Jess é uma iniciativa nessa direção.[116] Esse é o serviço de ajuda virtual da companhia aérea Jetstar. Os viajantes podem pedir a essa "senhora" todo o tipo de informações práticas. Os primeiros resultados dos passageiros da Jetstar foram muito positivos. A Jess os compreende bem e consegue lhes dar as respostas de que precisam. É claro que as pessoas percebem que estão falando com uma mulher virtual, mas o feedback geral é bom. Além disso, ela está disponível 24 horas por dia para um número ilimitado de passageiros. É em momentos como esse que se pensa: "O digital está se tornando humano."

SINGULARIDADE: 2015-2032-2045117

A lei de Moore (Gordon Moore foi o cofundador da Intel) afirma que as capacidades de cálculo de um computador dobram a cada 24 meses. Foi essa evolução que permitiu que o Commodore 64 se tornasse o iPad. A lei de Moore resulta em uma curva de crescimento exponencial. Os críticos argumentam que o ritmo acelerado de mudança no atual desenvolvimento tecnológico resultará em uma redução deste crescimento, mas, na realidade, o mundo já está bem adiantado em relação à lei de Moore. Graças à nuvem, estamos avançando mais depressa do que nunca. A tecnologia está cada vez melhor e mais barata.[118]

Se o nosso progresso tecnológico exponencial continuar evoluindo como nos últimos anos, chegará um momento em que as pessoas deixarão de ser intelectualmente capazes de acompanhá-la. Hoje em dia, os computadores já são capazes de fazer coisas incríveis. Mas isso não é nada em comparação com o que serão capazes de fazer nas próximas décadas. Os cientistas da Singularity University pensam que em 2032 os computadores possuirão as mesmas capacidades que o cérebro humano. Quando isso acontecer, o computador será tão inteligente como uma pessoa. Se essa evolução continuar no mesmo ritmo, em 2045 um computador será tão inteligente quanto todas as pessoas do mundo. Os futuristas chamam isso de era pós-humana, a era em que a inteligência artificial se torna mais inteligente e mais forte que a humanidade. Já imaginamos esse futuro em filmes de ficção científica – *Matrix* e *Exterminador do futuro*, por exemplo.

Os críticos argumentam que esse crescimento exponencial não será mantido e que o momento do Exterminador nunca chegará. Ninguém sabe quem tem razão. Nem podemos prever o impacto que essas teorias terão realmente. Mas uma coisa já está muito clara. A tecnologia está se tornando cada vez mais humana e os cientistas estão tentando aplicar essas qualidades intelectuais humanas em uma escala cada vez mais ampla.

NÃO DEIXE QUE ESSA PESSOA SE APROXIME DO MEU CORPO!

Computadores e robôs assumirão cada vez mais tarefas humanas. Não se trata apenas de empregos simples e pouco qualificados. A maioria de nós pode imaginar como o pessoal do armazém pode ser substituído por robôs ou o pessoal do call center por computadores. Essas coisas já estão começando a acontecer, mas vai muito mais longe do que isso.

Os trabalhos básicos de contabilidade serão efetuados por software. A cirurgia básica será realizada por robôs. E muitos outros trabalhos "rotineiros" também estarão sob a ameaça da automação. Isso pode parecer estranho, até assustador, mas já é uma realidade. Afinal, ninguém se importa quando o seu avião é conduzido durante a maior parte do voo pelo piloto automático. Há trinta mil pés acima da terra ou do mar, a sua vida fica nas mãos de um computador.

Inicialmente, as pessoas suspeitarão mais dos robôs. Mas isso vai mudar. Na verdade, no futuro, parece mais provável que as pessoas suspeitem se os humanos puderem realizar certas tarefas. As pessoas preferem ser operadas por um robô que está sempre alerta e nunca cansado, ou por um cirurgião humano que faz plantões de doze horas sem parar? Chegará o dia em que as pessoas dirão: "Não deixe que essa pessoa se aproxime do meu corpo! Quero um diagnóstico Watson e um cirurgião robô!"

EI, TECNOLOGIA, ISSO É TÃO FÁCIL – MAS VOCÊ AINDA NÃO PODE FAZER ISSO!

Alguns leitores podem ficar um pouco confusos com a primeira parte deste capítulo. Afinal, prometi falar sobre o papel das pessoas na relação com o cliente, não sobre como computadores e robôs vão dominar o mundo.

A tecnologia percorreu, de fato, um longo caminho. Mesmo assim, ainda existem inúmeras tarefas relativamente simples que um computador não pode fazer (ainda). Um exemplo familiar são os códigos em sites que as pessoas precisam usar para provar que são pessoas. Quero dizer, aqueles campos pequenos com letras e números deformados que você precisa digitar antes de enviar sua mensagem ou completar seu pedido. Essa é uma tarefa simples para um humano, mas os computadores ainda não têm a capacidade de decifrar as letras e os números. Como resultado, é um bom teste para se certificar de que você está lidando com uma pessoa real e não com uma máquina.

Siri, a assistente pessoal do iPhone, tem dificuldade em entender certos sotaques. Se alguém pronunciar mal uma palavra, ela é incapaz de colocar essa palavra no contexto da pergunta e como resultado, as coisas podem dar errado. As pessoas entendem sotaques e consideram o contexto do que está sendo perguntado ou dito. Mais uma vez, isso é fácil para nós, mas dificílimo para os computadores – por enquanto.

As boas notícias? Algumas coisas fáceis ainda são **muito difíceis para os computadores**

Figura 6.2 ***Prove que você é humano***

TECNOLOGIA + HUMANO É 1+1=3

Em 1997, o computador de xadrez Deep Blue venceu o campeão mundial Garry Kasparov. Hoje, um jogador de xadrez médio nunca vence nem mesmo o computador de xadrez mais simples. Em *A segunda era das máquinas* (2014), Brynjolfsson e McAfee argumentam que isso não significa necessariamente "xeque-mate" para a humanidade. No chamado freestyle xadrez, os times são compostos por uma combinação de pessoas e computadores de xadrez. Essas equipes combinadas podem muitas vezes vencer os melhores computadores de xadrez do mundo. Em outras palavras, um jogador de xadrez humano muito bom, com a ajuda de um computador de xadrez comum, é bom demais para um supercomputador.[119]

O computador Watson pode fazer o que os humanos não podem. Em apenas alguns segundos, essa máquina sofisticada pode analisar milhões de dados e tirar as conclusões certas. Um ser humano precisaria de um ano para fazer a mesma coisa. Mesmo assim, Watson não toma quaisquer decisões. Ele é um conselheiro que fornece aos médicos informações precisas de uma forma única. Essa otimização da análise de informação é um dos maiores avanços no atendimento médico nos últimos tempos. Mas é sempre o médico que tem a última palavra.

Sean Gourley é o fundador da empresa de dados Quid. Ele tem um PhD em ciência de dados e é especialista em inteligência artificial. Durante uma visita à sua empresa, ele me contou como as análises de computadores ainda estão sendo significativamente aprimoradas pela criatividade humana. Em média, a interpretação humana acrescenta trinta por cento ao valor agregado de uma análise de dados. E, apesar das melhorias na capacidade de processamento de dados nos últimos anos, esse valor acrescentado permanece constante em trinta por cento. "Tal como um microscópio reforça a qualidade do olho humano, também um computador reforça a qualidade do cérebro humano", diz Gourley.[120]

ESTUDO DE CASO: SWEETIE PEGA OS PEDÓFILOS

Um dos casos mais marcantes da edição de 2014 do festival de publicidade de Cannes foi o de Sweetie. A agência de publicidade holandesa Lemz fez esta campanha única para a organização *Terre des Hommes*, que trabalha para erradicar o abuso infantil. Nesse caso, o objetivo da campanha era mostrar como é fácil para os abusadores enganar crianças pela internet. A pedofilia através da webcam é uma tendência horrível, para as crianças filipinas em especial. Organizações criminosas colocam as crianças na frente de uma webcam e as força a realizar todos os tipos de atos sexuais em troca de pagamento. É nojento e depravado. A equipe de campanha contratou um homem desconhecido em Amsterdã. Em um computador, fingiram ser Sweetie, uma filipina de dez anos. Através de uma webcam, supostas imagens da menina foram transmitidas. Na realidade, eram animações de computador super sofisticadas. Em poucos meses, mais de mil pedófilos entraram em contato com ela. Os perpetradores foram identificados e há provas em vídeo contra eles. A nova tecnologia combinada com a criatividade das pessoas levou mais uma vez a resultados impressionantes.

◇◇

LEI DE KRULAK

É verdade que a tecnologia está se tornando mais humana. E é verdade que ela assumirá muitas das tarefas na relação com o cliente atualmente levada a cabo por humanos. Nos próximos anos, ambas as tendências serão intensificadas. Algumas pessoas até pensam que a tecnologia vai tornar as pessoas redundantes na relação com o cliente. No resto deste livro, vou tentar mostrar porque acredito que esse não é o caso. Durante as próximas décadas, as pessoas ainda terão um grande impacto nas relações com os clientes. Os cientistas falam o tempo todo sobre a inteligência dos computadores, mas dizem muito pouco, ou mesmo nada, sobre a sua emocionalidade. Os computadores já foram além dos seres humanos em termos de racionalidade, mas nem sequer se aproximam das questões emocionais humanas. As pessoas serão sempre necessárias para fornecer o conteúdo emocional ao relacionamento com o cliente, e é aí que elas continuarão fazendo a diferença.

Charles Krulak foi comandante da Marinha dos EUA entre 1995 e 1999. Em 1999, ele escreveu um artigo intitulado "O corpo estratégico: Liderança em uma guerra de três blocos".[121] Em uma situação de guerra, é importante estabelecer uma ligação emocional com a população local. Essa ligação não pode ser feita por generais sentados em seus escritórios. É feito pelo soldado individual que está lá. Quanto mais perto você estiver do fronte, maior será seu impacto nesse relacionamento emocional e na percepção local que ele cria. A emoção pessoal de um único soldado tem mais impacto nas relações com a população local do que a utilização de propaganda e comunicação de massas em quaisquer quantidades. Retire a emoção do relacionamento, e tudo o que resta é racionalidade fria e dura.

A lei de Krulak: "Quanto mais perto do fronte, maior o seu impacto na percepção."

O TOQUE HUMANO CONSTRÓI UMA RELAÇÃO EMOCIONAL

Hoje, muitas empresas trabalham com interações humanas como parte de suas relações com clientes. Mas as possibilidades de intervenção humana são frequentemente subutilizadas. As pessoas são empregadas de forma rotineira, ao passo que têm um enorme potencial para trazer valor à relação com os clientes, mas não é fácil. Em julho de 2014, um call center em uma grande empresa de telecomunicações americana mostrou como as coisas *não* deviam ser feitas. Ryan Block, jornalista e cliente da Comcast, queria rescindir seu contrato com a empresa. A conversa dele com o call center foi um desastre. Após dez minutos, o seu contrato não havia sido rescindido. O atendente do call center lhe perguntou:

— Por que quer encerrar o seu contrato?
Ryan respondeu:
— Por causa de conversas telefônicas como esta. Se esse é um exemplo do serviço da Comcast, não quero ter mais nada a ver com ela.
— OK, só estou tentando ajudar.
— Pode me ajudar rescindindo o meu contrato agora mesmo.
— Falei que queria ajudar. Como posso fazer isso se cancelar o seu serviço? Deixe-me ajudá-lo!

Nesse momento, o atendente da Comcast estava quase gritando. Ele tinha recebido um roteiro da empresa e o estava seguindo. O roteiro tinha apenas um propósito: fazer com que o cliente mudasse de ideia.[122]

Um computador não poderia ter sido pior. Na verdade, provavelmente teria sido muito melhor. Já existem computadores que podem oferecer conselhos simples muito mais profissionalmente do que as suas versões humanas. Por exemplo, a Amazon oferece conselhos de livros muito melhores do que uma livraria média, e a interface na Coolblue fornece sempre informações precisas e completas.

À medida que os aplicativos digitais assumem cada vez mais elementos da relação com o cliente, o contato humano vai se tornar o recurso mais escasso dentro dessa relação, e os recursos escassos precisam ser tratados com cuidado. Simplesmente usar pessoas "por hábito" não é suficiente. A transformação digital obriga as empresas a pensar de forma mais construtiva sobre o valor que as pessoas podem trazer. O desafio é usar o toque humano para melhorar a experiência do cliente e melhorar o relacionamento geral com este, e a chave do sucesso está em uma única palavra: emoção. O papel das pessoas em um relacionamento moderno com o cliente é construir um vínculo emocional entre os clientes e a empresa.

Em seu livro *Emotionomics*,[123] Dan Hill descreve o poder das emoções em um relacionamento com o cliente. A sua pesquisa mostrou que as emoções têm um impacto maior na tomada de decisões do que os elementos mais racionais. Quanto mais forte o vínculo emocional, melhores os resultados para a empresa. Em qualquer situação, as emoções se desenvolvem muito rapidamente, mesmo antes de se formarem pensamentos racionais. De fato, a formação das emoções leva apenas vinte por cento do tempo necessário para o pensamento racional.[124] Além disso, um relacionamento emocional é muito mais difícil de ser copiado por um concorrente do que um relacionamento puramente racional.

A equipe humana é o elo direto para adicionar emoção pessoal à relação digital. Um em cada três clientes gosta de comprar coisas de uma empresa onde conhece pessoalmente um membro da equipe.[125] É um ditado clássico, mas continua a ser válido na era digital: "O mundo dos negócios é um mundo de gente!" Assim como um único soldado no fronte pode mudar uma percepção, cada momento de contato humano deve ter sucesso em aumentar o nível de emoção pessoal entre o cliente e a empresa (= pessoas da empresa).

INTERFACE DIGITAL VERSUS TOQUE HUMANO

Até mesmo a Amazon começou a usar pessoas reais em seus processos de atendimento ao cliente. O Kindle trabalha com o Mayday, um serviço de ajuda em tempo real pessoal e humano. Se os clientes não conseguirem continuar em qualquer dispositivo que estejam usando, podem apertar o botão Mayday. Eles são transferidos para um vídeo chat com um atendente ao vivo. Essa pessoa assume o controle da tela do Kindle do cliente e mostra a ele o que fazer. Essa é a primeira vez que a Amazon adiciona um toque pessoal aos procedimentos de serviço para seus produtos de hardware, como Kindle e Firefly.

Os funcionários da Apple também criam uma ligação emocional com o público. O papel dos vendedores nas lojas Apple foi cuidadosamente pensado. O pessoal está lá para prestar um serviço aos clientes e para lhes mostrar como funcionam os diferentes dispositivos. Eles não "forçam" as vendas dos produtos, mas toda a loja está orientada de tal forma que a interface humana acabará fazendo a diferença que leva à compra.

Durante os próximos anos, muitas empresas vão se fazer esta mesma questão: Em que fases do seu contato com os consumidores é que a intervenção do pessoal humano pode fazer a diferença? E isso exigirá que seja feita uma escolha explícita: Onde usamos robôs e onde usamos pessoas?

Essa escolha pode ser melhor feita fazendo uma distinção clara entre os elementos racionais e emocionais da relação com o cliente. É claro que algumas fases do ciclo de compra combinam interações racionais e emocionais, de modo que uma distinção absoluta nem sempre é possível, mas, ao realizar esse exercício, ainda deve ser óbvio onde o toque humano pode ser mais bem empregado. O quadro seguinte apresenta alguns exemplos.

Distinções entre os elementos racionais e emocionais da relação com o cliente

Elementos racionais na relação com o cliente	Elementos emocionais na relação com o cliente
Interface digital	Toque humano
Até o limite	Além do limite
Personalização	Pessoal
Rotina	Inovação
Prever	Surpreender
Confirmação	Sorriso

Um computador executará o processo de acordo com as instruções que lhe são dadas. Isso significa que o processo terá sempre um limite, mas as pessoas são capazes de exceder os limites de uma forma que os computadores não conseguem. Dependendo do contexto, os atendentes humanos podem ver oportunidades para fazer algo diferente ou extra, que dá um impulso real ao relacionamento com o cliente. O outro lado da moeda é que as pessoas e, portanto, o pessoal humano, nem sempre vão além dos limites. Isso também pode levar a certas emoções, mas nem sempre positivas.

Um computador tem a capacidade de personalizar todos os elementos da relação com o cliente, mas só o pessoal humano pode fazer essa relação verdadeiramente pessoal. As máquinas também são excelentes na realização de tarefas rotineiras, mas apenas as pessoas podem pensar além do necessário. No futuro, será perfeitamente possível para um computador desenhar os planos para o projeto de uma casa padrão ou edifício de apartamentos, contudo a criação de um novo conceito de vida sempre exigirá a habilidade e visão de um arquiteto. E ainda não foi inventado um computador que possa inventar outro computador. A inovação continuará a ser um talento humano único com um valor único para a relação com o cliente. A automação na Associated Press não custou o trabalho de um único jornalista. Em vez disso, permitiu que eles se concentrassem em artigos criativos mais aprofundados, em vez de desperdiçar seu tempo em artigos de rotina relacionados aos resultados da empresa.

Os algoritmos também estão melhorando sistematicamente. Isso significa que os computadores são excelentes em prever o comportamento do cliente. Mas as pessoas ainda são melhores em surpreender agradavelmente os clientes. Os computadores confirmam vendas, pedidos, erros e reparos com eficiência implacável. Mas só as pessoas podem dar um sorriso que diga "eu entendo". Situações divertidas são criadas por pessoas, não por máquinas. Nas lojas IKEA, na Bélgica, um grupo de clientes adultos jogou recentemente um jogo de esconde-esconde.[126] A ideia veio de uma cliente, Elise De Rijck. No seu site "30 before I'm 30" [30 antes dos 30], brincar de esconde-esconde em uma loja da IKEA era uma das 30 coisas que ela queria fazer antes de fazer 30 anos. A equipe da IKEA pegou a ideia e a tornou realidade. Esse é o tipo de história que traz um sorriso à cara dos clientes. Por quê? Porque parece tão tipicamente humano.

Resumindo: os aspectos racionais do relacionamento com o cliente serão automatizados e levarão à excelência operacional digital (melhor atendimento ao cliente e maior eficiência, conforme discutido na parte 3 deste livro); os aspectos emocionais da relação com o cliente serão realizados através do toque humano. Alguns aspectos disso também serão realizados por assistentes virtuais, pois os computadores do futuro se tornarão cada vez mais como pessoas, mas as capacidades humanas de um computador serão sempre muito limitadas para realizar todos os elementos do toque humano sem a intervenção de pessoas reais e vivas, como você e eu. Ainda não somos irrelevantes, nem é provável que o sejamos.

O toque humano deve ser uma extensão da atitude do cliente em primeiro lugar, focada no desenvolvimento de um vínculo emocional positivo. Os dois lados da relação com o cliente – o digital e o humano – são importantes. Ambos agregam valor ao relacionamento em suas próprias áreas de atuação. Se conseguir brilhar em ambos os domínios, criará um valor maior para os seus clientes. O cliente vai experimentar um forte atendimento, uma vez que tanto a parte digital como a parte humana serão implementadas a partir de uma perspectiva baseada no cliente. O cliente adora a eficiência e a precisão digital, mas também gosta do contato humano. Essa é a ligação emocional que os faz querer ser um cliente da sua empresa.

Figura 6.3 ***Diagrama digital e humano de Venn***

O papel reservado ao seu pessoal humano só pode ter sucesso se o contexto da sua organização o tornar possível. No próximo capítulo, descreverei esse contexto como "heartketing": uma atitude positiva e ambiciosa que toca o coração dos clientes.

7

HEARTKETING

CUSTOU 2 BILHÕES DE DÓLARES

Encerrar uma determinada categoria de produto por razões éticas, mesmo que ela valha dois bilhões de dólares (neste caso, aproximadamente dois por cento de um faturamento total de 123 bilhões de dólares), é algo único. Testemunha uma liderança muito forte. Mas foi o que aconteceu no início de 2014, quando a CVS, uma das maiores redes de farmácias dos Estados Unidos, decidiu parar de vender cigarros.[127] No passado, eles entraram na gama de produtos da empresa por razões puramente comerciais: dois bilhões de dólares – valor comercial, já que esse era o volume de negócios que geravam. Mas a CVS decidiu que vendê-los já não é compatível com a sua missão de "ajudar as pessoas a viverem de forma mais saudável". Daí a sua decisão lógica, óbvia, mas na prática extremamente difícil. A empresa espera recuperar parte das receitas perdidas através de uma promoção mais ativa dos produtos "deixe de fumar".

Hoje em dia, empresas com forte liderança estão pensando cada vez mais em questões éticas. Durante a sua impressionante apresentação em um recente congresso belga de marketing, Jef Colruyt, CEO da cadeia de supermercados Colruyt, expressou uma preocupação semelhante. É correto que a sua empresa venda Coca-Cola já que essa bebida seja um fator que contribui para os problemas de obesidade de muitas pessoas? A sua pergunta era: "É o que os clientes querem, mas será que é da nossa responsabilidade dar a eles?"

A decisão da CVS de deixar de vender cigarros não foi bem-recebida. A venda de cigarros era um elemento essencial da vida comercial da empresa, deu dinheiro e levou muita gente para as suas lojas. Quando a ideia foi sugerida pela primeira vez há alguns anos, foi imediatamente rejeitada. Na época, as principais decisões da empresa foram tomadas com base nos números. No entanto, com o passar dos anos, a cultura da empresa amadureceu. Decisões foram cada vez mais testadas em relação aos objetivos a longo prazo da empresa, tal como expressos na sua missão. É claro que os números ainda eram importantes, mas não eram as únicas coisas a se considerar. Além disso, as decisões centrais já não eram apenas uma questão para o CEO, mas para toda a equipe de gestão.[128] Isso lançou a cultura da CVS em uma nova fase, na qual a empresa estava preparada para tomar decisões difíceis. Mas essas decisões podem, por vezes, ser também boas decisões comerciais. Acima de tudo, tomar a decisão "certa" tem o potencial de tocar o coração do mercado. O mundo sempre admira as organizações que podem se machucar para beneficiar seus clientes, seus funcionários e a sociedade em geral. Você cria um vínculo emocional com os consumidores através de seus corações, não apelando à sua razão.

O CASO DO "HEARTKETING"

A confiança do cliente pode derreter como neve ao sol. A regra clássica 80/20, que estabelece que vinte por cento dos clientes geram oitenta por cento do seu volume de negócios, já não é válida. Em vez disso, evoluiu para uma regra de 50/50. Há várias razões para isso. Primeiro, em muitos casos, as expectativas dos clientes cresceram mais rapidamente do que o nível de serviço. Em segundo lugar, os programas de fidelização clássicos já não têm o mesmo efeito. Em seu livro *How Brands Grow*, Byron Sharp[129] mostrou como esses programas não resultam em clientes fiéis e só geram custos de margem de lucro. Finalmente, a digitalização disponibilizou uma série de alternativas novas e altamente orientadas para o cliente. Como resultado, a abordagem de marketing tradicional dos últimos anos já não consegue vincular as pessoas às empresas. Para alcançar com sucesso a transformação humana da relação com o cliente, é necessário encontrar uma maneira diferente de fazer esse elo emocional tão importante.

Cunhei o termo *heartketing* no meu blog, em 2013.[130] A palavra simboliza uma nova atitude na relação com o cliente. Os níveis de fidelidade dos clientes diminuíram em grande parte como resultado da racionalização excessiva do relacionamento para com eles. Durante muito tempo os profissionais de marketing pensaram que a lealdade do cliente poderia ser comprada, mas não pode. Um vínculo emocional pessoal com a empresa é valorizado muito mais pelos clientes do que pelos programas de fidelização.[131] Acrescentar um toque humano à relação com o cliente pode ser melhor alcançado através do apelo ao coração do consumidor, em vez de à sua carteira. Fazer negócios assim pode dar uma nova vida às relações com os clientes.

Figura 7.1 ***Heartketing***

Heartketing é sobre alcançar um impacto positivo em seus clientes, sua equipe e sociedade como um todo. Cada empresa tem uma cultura e seus valores. Mas o coração não depende de uma cultura específica ou de valores específicos. Todas as culturas e todos os valores devem contribuir para uma melhor relação com todas as partes interessadas. Quaisquer que sejam os seus valores, o mundo olha favoravelmente para as empresas positivas. Heartketing é sobre ser positivo. "O otimismo é um dever moral", disse o filósofo Karl Popper. As possibilidades oferecidas pelo novo mundo digital são tão grandes que temos a responsabilidade de vê-las como uma oportunidade.

Mas fique tranquilo: ser positivo em relação aos seus acionistas não significa que você precise adotar uma abordagem suave. Não, o heartketing é uma filosofia para empresas ambiciosas. Trata-se de ter um grande impacto na sociedade através de uma atitude positiva. Ele toca o coração do cliente, embora seja uma forma positiva e ambiciosa de fazer negócios. O sucesso dele depende, portanto, dos líderes da empresa. Eles são os responsáveis por criar o contexto certo no qual o seu pessoal pode contribuir para uma atitude positiva. Sem o contexto empresarial certo, você nunca terá sucesso em adicionar o toque humano às suas relações com os clientes.

ESTUDO DE CASO: A OBSESSÃO DE PIETER, CHRIS E JEAN-PAUL: CARGLASS, CARTAMUNDI E COOLBLUE

Carglass, Cartamundi e Coolblue são empresas impressionantes. Todos os três projetam uma imagem de bom atendimento ao cliente, paixão e diversão. São exemplos de organizações onde as personalidades impressionantes de seus líderes foram injetadas no resto da empresa. Jean-Paul Teyssen (CEO da Carglass), Chris Van Doorslaer (CEO da Cartamundi) e Pieter Zwart (CEO do Coolblue) são todos obcecados pelo atendimento extremo ao cliente.

Já discuti o atendimento ao cliente da Carglass no meu livro *The Conversation Company*.[132] A Carglass supera os índices de satisfação do cliente na Bélgica. Com um produto relativamente bobo, como a reparação e substituição de para-brisas de automóveis, eles conseguiram construir uma pontuação de NPS de oitenta ou mais. Impressionante. A transformação da filial belga da Carglass em uma organização orientada ao cliente serve como exemplo para o grupo internacional Carglass. Os gerentes em todo o mundo estão aplicando as lições da experiência belga na esperança de alcançar os mesmos resultados. O elemento mais importante para alcançar uma transformação bem-sucedida no atendimento extremo ao cliente é a liderança dentro da empresa. Uma pesquisa do grupo de consultoria de recursos humanos Hay mostrou que a personalidade dos líderes é responsável por determinar entre cinquenta e setenta por cento da personalidade de toda a organização. As suas personalidades são também responsáveis por cerca de trinta e quarenta por cento dos resultados empresariais.[133] Acrescentar personalidade à relação com o cliente significa, portanto, acrescentar liderança.

Pieter Zwart quer melhorar a experiência do cliente todos os dias. Qual é o alvo para a sua pontuação na NPS? Mais alto que ontem! Durante o primeiro trimestre de 2014 a Coolblue teve um NPS de 66. Isso significa que esse valor não será considerado satisfatório no próximo trimestre. Como resultado, a sua equipe, agora, deve examinar que medidas podem tomar para levar a empresa a uma NPS de 67. "Um pouco melhor todos os dias" é o lema da Coolblue. A empresa adotou a personalidade apaixonada do seu fundador. "Quando as pessoas começam a trabalhar para a Coolblue, passamos por um filtro de cultura. É o suficiente para que quase todos vejam os benefícios de trabalhar com a nossa abordagem", diz Pieter. A atmosfera na empresa é contagiosa. A sua cultura é tão forte que as personalidades dos seus colaboradores evoluem no mesmo sentido. Trabalhar para a Coolblue significa ter uma personalidade orientada para o cliente.

A Cartamundi também tem muito a agradecer ao seu CEO. Chris Van Doorslaer é uma das pessoas mais motivadas e apaixonadas que já conheci. E a motivação e personalidade do Chris foram transferidas para a empresa que ele dirige, resultando em uma série de evoluções positivas nos últimos anos. A Cartamundi não só se reinventou em termos de produtos, como também transformou a sua cultura empresarial. Por exemplo, Chris aprendeu a apreciar o valor do conceito Angry Bird durante nossa visita de inspiração ao Vale do Silício, em setembro de 2013. Desde então, ele tem tentado aplicar a ideia em tantos aspectos de suas relações com os clientes quanto possível. Além disso, o conceito não só foi adotado por Chris, como ele conseguiu transmitir sua visão para o resto da equipe Cartamundi. Não há nenhum membro da equipe que não esteja familiarizado com a ideia do Angry Bird, todos ficaram entusiasmados com a crença do próprio Chris no modelo. A atitude da empresa pode ser descrita como extremamente orientada para o cliente, apaixonada e inovadora. As palavras "não é possível" foram banidas do vocabulário da Cartamundi. Há uma solução para tudo.

LIDERANÇA MODERNA PARA CLIENTES, FUNCIONÁRIOS E SOCIEDADE

Os líderes têm um papel crucial na implementação da filosofia heartketing. A liderança é o fator determinante mais importante para a cultura de uma organização. Em ambas as grandes e pequenas organizações, a personalidade do líder é sentida em toda a organização. As pessoas esperam uma liderança forte e positiva. Os consumidores, os funcionários e a sociedade em geral estão à procura de inspiração. Para ter sucesso nesse desafio, é necessário ter líderes que estejam preparados para permanecer em uma empresa por um período relativamente longo. Se você herdar uma cultura como líder, mas só planeja permanecer na empresa por três ou quatro anos, não conseguirá muito em termos de mudança cultural.[134]

A liderança começa com a partilha de uma visão inspiradora. Se uma empresa é convidada para uma breve apresentação sobre si mesma, você logo descobre muito sobre a sua personalidade. Se se apresentar com um slide mostrando o número de funcionários, o número de prêmios que ganhou e seu faturamento total, isso diz muito sobre a maneira como os negócios são feitos. Se uma empresa se apresenta em termos de uma visão ambiciosa para mudar o mundo, isso também diz muito sobre sua atitude – só que de uma forma muito mais positiva. Ambas as abordagens são possíveis e aceitáveis, mas a segunda é dez vezes mais inspiradora do que a primeira. Simon Sinek descreveu isso bem em seu livro pioneiro, *Comece pelo porquê*.[135] Como empresa, você pode dizer o que faz, como e por que o faz. A maioria das empresas se limitam a falar sobre o que fazem. Um número menor também discute como o fazem. Mas poucas empresas falam sobre o porquê de fazerem. Essas têm os melhores resultados nos negócios. Por quê? Porque inspiram os seus clientes, os seus funcionários e a sociedade em geral.

A Microsoft teve um enorme impacto no nosso mundo moderno. Em 1971, Bill Gates tinha o sonho de ver um computador instalado em cada casa e em cada escritório.[136] Naqueles dias, essa ambição deve ter parecido ridiculamente inacreditável; entretanto, todos sabemos o que aconteceu. Durante os últimos dez anos, a Microsoft passou a ser vista como uma espécie de gigante envelhecido: uma empresa grande, financeiramente saudável, mas bastante chata, cujos melhores dias já passaram. A Microsoft tinha perdido a sua aura inspiradora. Em 10 de julho de 2014, o novo CEO, Satya Nadella, apresentou seus sonhos e ambições para o futuro da empresa.[137] Foi um exemplo clássico de um discurso inspirador. A sua mensagem sublinhava a forma como o mundo está mudando: "o mundo não respeita a tradição, o mundo respeita a inovação", foi uma das declarações impressionantes que ele fez. Todos sabem o que ele quer dizer. A Microsoft deve voltar a ser uma empresa com impacto na sociedade. Ele descreveu o núcleo da empresa nos seguintes termos:

> Em nosso núcleo, a Microsoft é a empresa de produtividade e plataforma para o primeiro mundo móvel e em nuvem. Vamos reinventar a produtividade para capacitar cada pessoa e cada organização no planeta a fazer mais e alcançar mais.

Nos últimos anos, o núcleo da Microsoft foi descrito como uma empresa de "dispositivos e serviços". Quão chato é isso? Com essa nova história, o nível de liderança inspiradora recebeu um grande impulso. Mas a nova e ambiciosa visão do discurso de Nadella não é apenas inspiradora para os clientes da Microsoft, contudo também para a sua própria equipe. As palavras "Estou empenhado em fazer da Microsoft o melhor lugar para pessoas inteligentes, curiosas e ambiciosas fazerem o seu melhor trabalho" devem soar como música aos ouvidos de todos os trabalhadores da Microsoft. Finalmente, o discurso também despertou a curiosidade do mundo em geral, todos estão interessados em saber mais sobre os novos métodos de aumento de produtividade aos quais Nadella se referiu. Ele não foi específico nesse ponto, mas isso não importa. Você não explica os sonhos de uma empresa para o futuro com um conjunto de fatos e números secos, que a maioria das pessoas terá esquecido no dia seguinte, essas ambições devem ser apoiadas por uma visão inspiradora, uma visão que excita as emoções de quem escuta. Ao contrário das estatísticas, a verdadeira paixão não desaparece de um dia para o outro – ela permanece na memória por muito, muito tempo. Os líderes do mundo dos negócios devem ser os primeiros a compartilhar suas personalidades inspiradoras com seus clientes, seus funcionários e o mundo em geral. Dessa forma, podem desempenhar um papel decisivo para ajudar as suas empresas a alcançar uma relação verdadeiramente humana com todos os seus acionistas, mas sobretudo com os seus clientes.

A PROVA ESTÁ NO LUCRO

Se o vínculo emocional com o cliente é fortemente influenciado pela personalidade dos líderes da empresa, cada membro da equipe da empresa também desempenha um papel crucial. As redes sociais tornaram o que acontece dentro das empresas muito mais visível do que nunca. Os trabalhadores partilham as suas experiências de trabalho nelas. Dessa forma, cada empresa se tornou como um restaurante com a cozinha aberta. Todos podem ver o que está cozinhando! Hoje em dia, todos os operacionais vêm em contato com o utilizador final, o que significa que cada operativo ajuda a colorir a percepção que o público tem da empresa.

A filosofia de gestão de empresas como a Torfs shoes, Randstad, Microsoft, Zappos e Southwest Airlines ajuda a produzir muitos trabalhadores felizes. Os líderes dessas organizações acreditam que "não pode haver clientes felizes sem uma equipe feliz". A maioria dos líderes da empresa diria que concorda com essa visão, mas nem todos colocam isso na prática. Apenas dezenove por cento das pessoas se sentem totalmente comprometidas com o seu trabalho.[138]

Jerome Dodson, o fundador da Parnassus Investments, criou um fundo de investimento, em 2005, que se concentrou em investir em empresas em que o engajamento dos funcionários era conhecido por ser alto. Ele baseou sua estratégia na lista anual dos "100 melhores lugares para trabalhar na América". Muitos outros países também elaboram uma lista desse tipo. Desde a sua criação, esse fundo provou ser um verdadeiro vencedor para os seus investidores. Entre abril de 2005 e janeiro de 2013, a rentabilidade média foi de 9,63% ao ano. Em comparação, o índice S&P 500 tem um retorno médio de 5,58% no mesmo período. A diferença foi ainda maior durante os anos de recessão: 10,8% versus 3,97%.[139] Os resultados financeiros são os argumentos mais convincentes para os gestores. Sobre isso, a análise da Parnassus é clara: quanto melhores forem as suas relações com os seus funcionários, melhores serão os seus lucros. E quanto mais os seus colaboradores contribuírem para uma atitude positiva da empresa, mais fortes serão as suas relações emocionais com os seus clientes.

HEARTKETING SIGNIFICA POSITIVIDADE

Autenticidade tem sido uma palavra-chave no mundo do marketing nos últimos anos. É de fato uma palavra brilhante, mas com limitações. Hitler era autêntico à sua maneira. Assim como Napoleão. Mas a sua autenticidade não era a que trazia alegria às pessoas. A autenticidade nem sempre é o que os clientes querem. Às vezes, um cliente prefere a falsa simpatia à animosidade autêntica. Os consumidores gostam de funcionários positivos.

Uma atitude positiva é contagiosa. Nas redes sociais, as pessoas positivas têm mais seguidores do que as negativas. As mensagens positivas são partilhadas mais do que as queixas e reclamações dos queixosos.[140] As pessoas amam empresas com uma cultura positiva e receptiva, em vez daquelas que dão uma impressão aborrecida ou arrogante.[141]

Os consumidores estão mesmo dispostos a pagar mais pelas empresas com uma abordagem positiva. Se um consumidor puder ser convencido de que uma empresa tem um bom coração, terá todo o gosto em pagar um pouco mais para fazer compras lá. Na maioria dos países asiáticos, essa é a opinião de sete em cada dez consumidores. Infelizmente, o meu país, a Bélgica, está no fim dessa lista. Apenas 25 por cento das pessoas estão dispostas a pagar mais se a empresa tiver um bom coração.[142]

Panera Bread, uma padaria *concept*, é uma das cadeias de crescimento mais rápido nos Estados Unidos. Em 2010, apareceu no top 100 da lista *Fortune* das empresas com crescimento mais rápido.[143] Este crescimento tem sido atribuído a bons produtos e a uma atmosfera amigável. Mas a sua abordagem social também desempenha um papel importante na sua imagem de marca positiva. A Panera criou "lojas comunitárias" na maioria das grandes cidades dos EUA. O objetivo dessas lojas é fornecer alimentos aos pobres e aos sem teto a preços muito baixos. Os clientes pagam o que querem ou o que podem pagar. Por exemplo, as pessoas que vivem nas ruas podem comprar um sanduíche por um dólar ou até comprar de graça. Em troca, eles ajudam na loja com um pouco de trabalho de limpeza ou arrumação. A Panera espera que os seus clientes mais abastados estejam dispostos a pagar um pouco mais para ajudar a apoiar iniciativas sociais desse tipo. E até agora, estão. As iniciativas de boas causas da Panera os aproximam muito mais de seus clientes, que pagam alguns centavos extra pelo seu sanduíche na hora do almoço se sentem como se estivessem tornando o seu apoio aos mais fracos da sociedade muito mais tangível. Dessa forma, podem partilhar ativamente a atitude positiva da empresa. Toca um acorde emocional.

Em 2013, a loja on-line Zady entrou no mercado.[144] Eles vendem roupas de uma forma notável. Concentra-se no desejo crescente entre muitos consumidores de evitar roupas que tenham sido feitas por trabalho infantil ou que envolvam maus-tratos a animais. Apesar das intenções positivas desses consumidores, poucas empresas estão dispostas ou são capazes de lhes proporcionar a transparência que desejam. Mas esse não é o caso da Zady, que oferece aos seus consumidores cem por cento de transparência em relação ao seu processo de produção. Havia um grande interesse da mídia sobre o lançamento do seu site. Muitas pessoas pensavam que era – e é – um conceito muito bom. É um exemplo clássico de uma empresa cuja visão se estende para além dos próprios clientes e do próprio pessoal. Ao envolver o maior número possível de partes interessadas, a Zady espera contribuir de forma positiva para a sociedade. Essa é uma história que cria uma percepção positiva da empresa e um vínculo emocional com seus clientes desde o primeiro dia.

HEARTKETING É MAIS DO QUE EMPREENDEDORISMO RESPONSÁVEL

Esta é frequentemente uma discussão sobre quem veio primeiro: a galinha ou o ovo? As empresas fazem contribuições sociais positivas porque possuem uma posição financeira para isso ou têm uma posição financeira forte devido às iniciativas sociais que lançam? O que vem primeiro: ganhar dinheiro ou uma imagem social forte?

Yvon Chouinard, o fundador da Patagonia, compartilhou suas experiências pessoais sobre o assunto. "Sempre que tomo uma decisão que é boa para o planeta, ganho dinheiro com ela."[145] A Patagonia é um fabricante de roupas e produtos esportivos para alpinistas e campistas. Nos últimos anos, a empresa tem trabalhado com uma campanha "compre menos". Os seus produtos são tão fortes e duráveis que a empresa incentiva os clientes a usá-los por mais tempo. Reduzir o número de compras desnecessárias é bom para o cliente e para a sociedade. A campanha funcionou? Depende da forma como se vê. As vendas aumentaram 30% durante os primeiros

9 meses após o lançamento. Isso permite que os críticos afirmem que foi uma falsa campanha, apenas um truque barato para incentivar os clientes a comprar mais. No entanto, a mensagem "compre menos" reflete perfeitamente a personalidade da empresa. O mantra de Yvon Chouinard há muito que é "reduzir, reparar, reutilizar, reciclar". Desde a sua fundação, um por cento do seu volume de negócios anual foi destinado a projetos para melhorar o ambiente. A Patagonia foi a fundadora da Sustainable Apparel Coalition, uma iniciativa para reduzir a pegada ecológica das empresas em geral. Ações desse tipo promovem credibilidade, o que por sua vez leva a um vínculo emocional com os clientes e, por fim, a resultados financeiros impressionantes.

Os líderes modernos são unânimes neste ponto: uma visão de liderança deve ir muito além do simples objetivo de ganhar dinheiro. Ao mesmo tempo, são igualmente unânimes quanto à necessidade de ganhar dinheiro para tornar a sua visão exequível.[146] Em seu livro *The Future of Value*,[147] Eric Lowitt investigou exatamente como a realização de uma contribuição social positiva pode ter um impacto benéfico sobre os resultados financeiros. Em *Happy Profits*,[148] de Herman Toch, também concluiu que uma atitude positiva muitas vezes anda de mãos dadas com altos níveis de rentabilidade.

O heartketing vai mais longe do que um simples e responsável empreendedorismo. Positivismo não significa ingenuidade. A ambição deve ser sempre a de combinar um forte crescimento e rentabilidade com uma atitude positiva. Os bons resultados financeiros ainda são o objetivo, juntamente com uma abordagem responsável das questões de interesse social. É "e/e", e não "ou/ou".

HEARTKETING SIGNIFICA AMBIÇÃO

Peter Diamandis e Ray Kurzweil são os fundadores da Singularity University. Essa faculdade acredita na singularidade, o momento em que os computadores se tornarão mais inteligentes que as pessoas. A sua ambição é permitir que computadores e pessoas trabalhem juntos para fazer um mundo melhor. Por exemplo: eles acreditam que todos devem ter energia gratuita, pois o sol brilha sobre nós todos os dias. Também argumentam que cada empresa tem a responsabilidade de pensar em como fazer uma contribuição positiva para pelo menos 1 bilhão de pessoas. Segundo eles, o progresso tecnológico significa que esta é uma possibilidade realista para todas as organizações.

O holandês Daan Roosegaarde é conhecido internacionalmente por suas ideias criativas que unem pessoas, tecnologia e sociedade como um todo. Os seus projetos correspondem perfeitamente à atitude ambiciosa da Singularity University. Studio Roosegaarde é o laboratório onde ele transforma suas ideias notáveis em realidade. O conceito de estradas inteligentes, discutido no capítulo 4, é uma de suas iniciativas. Pequim tem um dos ambientes urbanos mais poluídos do mundo. As autoridades sonham com um parque onde as pessoas possam realmente respirar sem prejudicar a sua saúde. Daan e sua equipe estão trabalhando no que é efetivamente um ventilador extrator gigante. Ele deveria ser capaz de manter uma determinada área de parque sem poluição, para grande deleite dos habitantes locais, a quem tal prazer tem sido negado há muito tempo. Durante suas experiências preliminares, a equipe de pesquisa descobriu que a maior parte da poluição é baseada em carbono. Sob pressão muito alta, o carbono pode ser transformado em diamante. A fumaça da instalação será, portanto, utilizada para fabricar anéis de diamante. O lucro da venda dos anéis ajudará a financiar o projeto. Esse é o tipo de empreendimento ambicioso que atrai a imaginação das pessoas. Daan Roosegaarde é um homem com personalidade, dinamismo e visão. É uma combinação inspiradora.

O contexto do mundo foi radicalmente alterado pela digitalização. Em particular, o processo de digitalização gerou uma nova forma de ambição: uma ambição que procura fazer a diferença para cada grupo-alvo da sociedade. As empresas que partilham essa ambição têm a capacidade de fazer com que o sangue dos seus acionistas, incluindo os seus clientes, corra mais depressa. Isso inspira as pessoas e cria uma ligação emocional.

COM NOVA TECNOLOGIA PARA UM NOVO TIPO DE HONESTIDADE

O relacionamento com o cliente orientado por dados fornece aos consumidores insights mais profundos sobre seus estilos de vida e seus padrões de uso. Os novos aplicativos bancários permitem que as pessoas analisem detalhadamente suas despesas. Dispositivos como as pulseiras eletrônicas nos manterão cada vez mais bem informados sobre nossa saúde. O nosso comportamento de condução será em breve totalmente monitorizado pelos nossos carros. Esse enorme crescimento na quantidade de dados pessoais tornará as pessoas mais conscientes de todos os aspectos das suas vidas.

Uma empresa que adota uma abordagem cordial com seus clientes, seus funcionários e à sociedade em geral pode responder a tal situação de uma nova forma. Por exemplo: e se as empresas incentivarem os consumidores a comprar menos? As equipes de marketing fazem tudo o que podem para incentivar o consumo, mas se uma empresa leva a sério seu atendimento ao cliente, então sua recomendação para seus clientes deve ser comprar menos. Um dos artigos mais inspiradores que li sobre esse tema apareceu recentemente na Fast Company: "As marcas do futuro vão ajudar você a consumir menos."[149] Se um cliente visita o McDonald's três vezes na mesma semana, o artigo argumenta que a empresa deve aconselhá-lo a comer de forma mais saudável e fazer mais exercício. Parece inimaginável? O McDonald's ainda não usa essa abordagem, mas já o experimenta com seus funcionários, aconselhando-os a comer menos fast food. A comunicação interna no McDonald's descreveu o Big Mac como "uma opção alimentar não saudável". Em outras palavras, pode não fazer mal de vez em quando, mas fast food demais pode ser prejudicial para a sua saúde. Brilhante!

Os consumidores vão perceber cada vez mais se algo que eles não precisam lhe está sendo empurrado. Novas formas de lealdade serão criadas através de novas e mais honestas relações com as organizações. Imagine a seguinte situação: uma família faz uma lista de compras através do aplicativo da sua loja favorita e o aplicativo está ligado ao padrão de seus hábitos alimentares. Para suas compras semanais, a loja pode dar conselhos sobre as quantidades que eles precisam comprar. Com base nos alimentos que a família jogou fora na última compra, isso pode levar a uma otimização de suas compras para o futuro. O varejista dá ao cliente o melhor conselho possível, a confiança do consumidor aumenta e novas compras são feitas. É assim que as pessoas vão fazer compras nos próximos anos.

As marcas podem se tornar parceiras de consumidores que gostam de pesar e medir tudo antes de comprar. O vínculo criado com uma empresa que oferece conteúdo relevante é muito mais forte do que o vínculo com uma empresa onde você *apenas* compra algo. Mas quem vai cumprir esse papel? Serão as empresas tecnológicas? A Apple ou a Samsung ajudarão os consumidores a desperdiçar menos? Ou serão as empresas de comunicação social? O Facebook se tornará ainda mais integrado ao nosso dia a dia e dará conselhos concretos? Ou serão os fornecedores de energia, telecomunicações e alimentos? A minha empresa de energia vai me dar a orientação certa? O meu provedor de telecomunicações vai me ajudar a otimizar meu uso? Uma empresa como a Unilever vai me ajudar a comer de forma mais saudável, ou isso vai se tornar a tarefa do varejista?

O aspecto positivo dessa discussão é que todos os intervenientes no mercado têm potencial para assumir o papel de um parceiro fiável e ambicioso para o consumidor. E não importa de qual setor o ator é. A única coisa que conta é mostrar um interesse genuíno pelos diferentes grupos-alvo envolvidos. Será dada confiança às organizações que demonstrarem que realmente querem ajudar o cliente. Uma organização precisa de heartketing para construir um vínculo emocional. Esse vínculo é a nova forma de fidelidade do cliente. No passado, as marcas compravam fidelidade com descontos e ofertas especiais. No futuro, eles ganharão lealdade através da sua atitude positiva. Essa abordagem positiva e ambiciosa é essencial para a relação digital, pois acrescenta calor, paixão e inspiração à interação entre a empresa e o cliente. Sem esses elementos, a relação é puramente racional e funcional, o que é insuficiente para permitir o desenvolvimento na direção do quadrante "quando o digital se torna humano", que é onde você precisa estar – se quiser sobreviver.

8

O TOQUE HUMANO

GOOGLE: UMA TELA, O DOBRO DA CRIATIVIDADE

Se você digitar "do a barrel roll" na tela de pesquisa do Google, a tela fará uma volta de 360º. Se você pedir ao Google Maps uma rota entre o Castelo de Windsor e o Palácio de Buckingham, suas opções de transporte receberão um toque real. O Google é conhecido pelo humor oculto do seu motor de busca. A criatividade dos desenvolvedores do site também é evidente na tela de abertura. Apesar da sua simplicidade, o Google consegue ser duplamente criativo. O logotipo da empresa é alterado a cada 24 horas e há um botão "Estou com sorte" para iluminar o seu dia. Se você está curioso sobre o site que aparecerá em primeiro lugar na sua lista de resultados de pesquisa, você pode clicar nesse botão. Essa opção custa ao Google cerca de 110 milhões de dólares por ano em receitas de publicidade perdidas.[150] Sempre que um consumidor chega diretamente a um site, não são apresentados anúncios e, por conseguinte, não é devido qualquer pagamento. O Google mantém o botão, só para mostrar que é uma empresa com um rosto humano. Mas, independentemente da quantidade de dados que o motor de pesquisa do Google tenha à sua disposição, todas as funcionalidades "divertidas" referidas acima foram criadas não pelo software, mas pelos funcionários.

Você pode encontrar os mesmos detalhes divertidos na Siri, a assistente pessoal do iPhone e iPad. Basta dizer "OK, Glass" (o comando de ativação do Google Glass) para Siri e você tem a garantia de ter uma reação divertida. Tente também: "Pode ler uma história de dormir para mim, Siri." Se persistir, a Siri fará exatamente isso: vai contar uma história. Ela também tem uma abundância de piadas e fatos fascinantes para mantê-lo divertido. Contudo, mais uma vez, isso se aplica: não importa quão inteligente seja o seu smartphone, ele não tem senso de humor. As respostas padrão e brincadeiras são programadas pela equipe da Apple, não pelos dispositivos Apple.

Você: Pode contar uma piada?
Siri: Não posso. Sempre esqueço o final da piada.

O TOQUE HUMANO NÃO É O MESMO QUE A HUMANIZAÇÃO DAS MARCAS

No auge da propaganda das mídias sociais, todas as marcas queriam ser mais "humanas". A humanização das marcas era o sonho de todo marketeiro. As marcas fizeram todo o possível para mostrar um rosto mais humano aos seus clientes. Escrever em linguagem simples, comum e menos no estilo tradicional impessoal do marketing do século XX foi um primeiro passo na direção certa. Mesmo as marcas mais clássicas tentaram um emoticon ou dois em uma mensagem no Facebook ou Twitter. A primeira vez que a Starbucks colocou apenas um sorriso no Twitter, o tweet foi compartilhado milhares de vezes. Apenas um único sorriso. Essa foi uma mudança nova e refrescante. As conversas entre marcas e consumidores trouxeram um novo estilo de comunicação para o mundo do marketing, a comunicação era mais pessoal e real. Várias marcas holandesas adquiriram uma reputação impressionante como mestres desse novo estilo. A empresa ferroviária holandesa *Nederlandse Spoorwegen* conversou uma vez com um pato Donald pelo Twitter. A conversa foi absurda, mas resultou em uma grande repercussão positiva em suas relações públicas. Outra conversa famosa foi entre a Coolblue, a KLM e um cliente, e também se tornou parte da memória coletiva holandesa. Um dia um consumidor chamado Eric De Vos lançou o seguinte tweet: "A opinião dos meus colegas está dividida: as minhas novas calças são azuis KLM ou azuis Coolblue?" Uma discussão on-line começou entre Eric e as duas empresas para tentar decidir qual o azul que era. Na manhã seguinte, dois operacionais Coolblue foram à porta de Eric para provar, sem sombra de dúvida, que o azul "dele" também era o azul "deles".[151]

É claro que as marcas continuarão a ser marcas. Marcas não são pessoas, por mais que os humanos tentem. As empresas também não são pessoas, são pessoas jurídicas. Mas as pessoas não gostam de pessoas jurídicas, elas amam as outras pessoas. O CEO de uma empresa muitas vezes terá mais seguidores do que os canais de mídia social de sua empresa. O toque humano de uma organização vai além da humanização do estilo de comunicação de uma marca. Fazer uma ligação real com as pessoas tem um potencial muito maior.

O toque humano quer fazer as pessoas sorrirem. Quer surpreendê-las com iniciativas divertidas e inovações inteligentes. Eleva a relação com o cliente a um novo patamar. Por vezes, a expressão "toque humano" pode até ser encarada literalmente. Um cirurgião experiente veio até mim no final de uma de minhas apresentações sobre a relação com o cliente digital. Ele me agradeceu e disse que tinha gostado de ouvir a minha história, depois apertou a minha mão e me deu um tapinha no ombro. "Isso é algo que um computador nunca será capaz de fazer", disse ele com um sorriso. "Se aperto assim a mão de um paciente quando tenho notícias importantes para partilhar, é sempre melhor do que quando falo com ele sem levantar da minha mesa."

MESMO QUE OS SISTEMAS DIGITAIS FUNCIONEM PERFEITAMENTE, NÓS AINDA PREFERIMOS AS PESSOAS

Os postos de gasolina nem sempre são modelos de atendimento extremo ao cliente. Em geral, suas chances de obter um sorriso amigável ao pagar são bastante remotas, mas nunca esquecerei quando fui a um posto de gasolina Shell, em Amsterdã. Estava na fila, esperando a minha vez para pagar. O cliente na minha frente não falava holandês e queria pagar com o cartão de crédito, e era um cartão de crédito sem chip. Em outras palavras, tinha de assinar para validar o pagamento. De repente, o caixa disse em inglês: "Desculpe, senhor, não o reconheci antes. Não costumamos ter pessoas famosas aqui." Fiquei surpreso e tentei ver quem poderia ser, mas o próprio homem ficou tão surpreendido como eu. "Pode me dar o seu autógrafo, senhor?", continuou o caixa. E com isso ele mostrou a nota do cartão de crédito que o homem precisava assinar. O cliente sorriu de orelha a orelha e todos na loja começaram a rir. "É por isso que faço esse trabalho", disse o caixa quando me aproximei. "Um sorriso na cara de um cliente é a melhor recompensa que existe." O general Krulak teria ficado satisfeito. Esse caixa teve o grande impacto na experiência da marca Shell.

Dois em cada três consumidores atribuem grande importância ao toque pessoal. Ninguém acha que não é importante. Pelo menos 73 por cento querem se conectar com pessoas reais durante uma relação comercial, mesmo que os canais digitais funcionem perfeitamente.[152]

O toque humano nem sempre tem de ser físico. Ouvir uma voz verdadeira por telefone ou receber um e-mail não automático também pode ajudar a tornar a relação com o cliente mais pessoal. Harry Demey é o CEO da agência de publicidade da Antuérpia LDV United. Ele é um usuário apaixonado da Nike FuelBand. Um dia a pulseira mostrou "código de erro 802", e Harry enviou um e-mail à Nike para perguntar o que significava. Um atendente logo respondeu que significava o fim da pulseira de Harry: o erro 802 é um erro fatal. Para resolver o problema, a Nike lhe enviou uma nova pulseira sem perguntas e sem demora. E-mails pessoais desse tipo, com um pouco de empatia e um pouco de entusiasmo, são o tipo de coisa que os clientes adoram. Faz com que o contato com uma grande empresa como a Nike pareça muito pessoal.

A Zappos, a loja de sapatos que é frequentemente citada como um exemplo de atendimento extremo ao cliente, lançou uma campanha em que ofereceu conselhos de estilo pessoal às pessoas com base em suas selfies.[153] Usuários do Instagram estão familiarizados com a incrivelmente popular hashtag #OOTD (outfit of the day). Muitos jovens a usam para mostrar suas últimas novidades de moda para o mundo. No início de março de 2014, havia nada menos que 23 milhões de fotografias no Instagram com essa famosa hashtag. A Zappos ofereceu para fornecer um serviço adicional útil às pessoas que escreviam #NextOOTD na legenda da foto. Por e-mail, mensagens de texto ou compartilhando fotos no Instagram, cada consumidor também pode pedir conselhos a um estilista pessoal da Zappos via #askzappos. Esse conselho é 100% humano. Não há nenhuma automação envolvida. Essa é a essência do toque humano: o canal é irrelevante, mas deve ser pessoal e não automatizado. Trata-se do contato entre as pessoas.

AS PESSOAS COMO REDE DE SEGURANÇA?

O autoatendimento e a automação baseados em dados são uma parte essencial da relação digital. Mas não importa o quanto o cliente goste de digitalização, ele também adora ter algum apoio humano disponível – só por precaução. Se as coisas derem errado, os consumidores preferem resolver com uma pessoa. Cerca de 78 por cento dos consumidores esperam encontrar um número de telefone na página inicial de uma empresa.[154] É um elemento de informação básica e de confiança que as pessoas ainda valorizam muito. Uma plataforma digital ganha confiança quando os consumidores sentem que há pessoas reais nos bastidores, prontas a ajudá-los quando surge a necessidade.

Em julho de 2014, foi lançada a primeira farmácia on-line da Bélgica, a Apothecaris. Todos os produtos sem receita médica que você encontraria em uma farmácia offline podia ser comprado nessa loja virtual. Mas, além de um site que funciona perfeitamente, a força da Apothecaris está no apoio pessoal e humano que fornece. Os nomes e as fotos de todos os farmacêuticos são mostrados e a empresa faz tudo o que pode para se dar um rosto humano. Os farmacêuticos também verificam todas as encomendas e dão conselhos, quando necessário ou solicitado. Essa combinação de uma interface on-line perfeita e suporte humano disponível é o que os consumidores modernos estão procurando.

Com isso em mente, o Rabobank está pronto para investir fortemente na digitalização de suas relações com os clientes. Depois de anos turbulentos em um passado recente, ele precisa recuperar o terreno perdido na prestação de um serviço digital, mas sem perder a personalidade forte pela qual é conhecido. O banco está optando pelo autoatendimento sempre que possível, mas sem perder de vista a importância do papel humano. Uma de suas digitalizações bem-sucedidas até agora é o serviço de hipoteca on-line. Os consumidores podem solicitar uma hipoteca através do site do banco, preenchendo todas as informações necessárias. Com base nessas informações, o banco elabora uma proposta de hipoteca para o cliente e, se aceita, os procedimentos necessários podem ser concluídos. Essa opção de hipoteca online existe desde meados de 2013 e os resultados são excelentes, mas, mais uma vez, o lado positivo do serviço, do ponto de vista do consumidor, é a rede humana de segurança. Sempre que o cliente fica perdido, pode contar com a ajuda de um agente do Rabobank, que resolve o problema através de vídeo chat.

O livro *High-Tech, High Touch* (Solomon, 2012)[155] examina o impacto dessas pequenas rotas de fuga para os consumidores. Perguntas em sites como "gostaria de falar com um membro do pessoal?" aumentam a confiança dos consumidores. E-mails que permitem aos clientes responder a uma pessoa real aumentam ainda mais o impacto do autoatendimento.

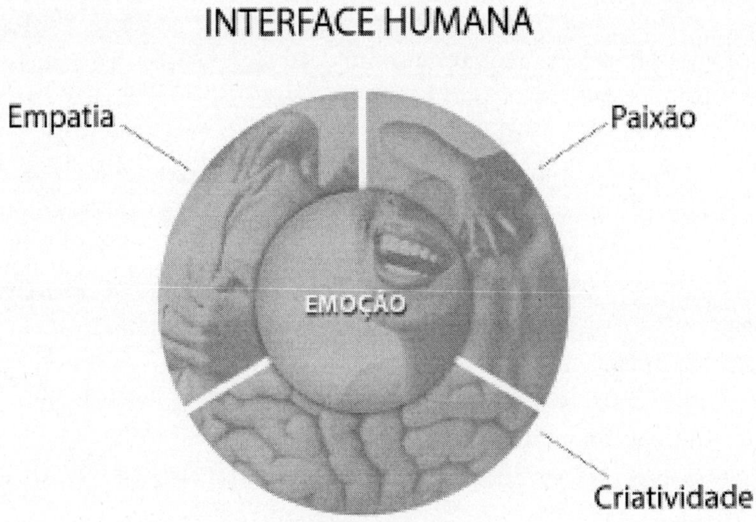

Figura 8.1 *Serviço de hipoteca on-line*

A combinação de autoatendimento e apoio humano só é bem-sucedida se houver uma abordagem integrada. É importante que a ajuda esteja disponível para o cliente durante o processo. Se o processo on-line não funcionar por qualquer razão, a maioria dos clientes o terminará se a sua única opção de ajuda for telefonar para um call center. Os consumidores não gostam de se repetir. A melhor solução é integrar a sua equipe de apoio humano ao seu site via chat ou vídeo chat.

A rede humana de segurança também pode ser útil para melhorar o processo on-line de outras formas. Se as sessões de bate-papo humano continuarem lançando as mesmas perguntas, é uma oportunidade para otimizar o processo.

ESCASSEZ

O papel desempenhado pelas pessoas na relação com o cliente diminuiu durante a última década. É provável que essa tendência continue no futuro. O contato humano com os clientes se tornará mais escasso, e recursos escassos precisam ser tratados com cuidado. Os melhores restaurantes pensam muito bem antes de usarem trufa branca nas receitas e o mesmo cuidado será necessário no futuro para decidir onde é melhor usar o ser humano na relação com o cliente. O papel das pessoas é uma das discussões estrategicamente mais importantes para todas as empresas. Usar seu pessoal como uma rede de segurança para o processo digital funciona bem, mas há muitas outras maneiras de criar valor agregado com o uso correto de seu capital humano. O segredo para criar um forte vínculo emocional com seus clientes é identificar as melhores maneiras de injetar a interação humana em seus sistemas digitais.

Salesforce.com é *a* referência para software na nuvem. A empresa foi fundada em 1999 por Marc Benioff, e cresceu com sucesso nos últimos quinze anos, tornando-se uma das dez maiores empresas de TI do mundo. O site do Salesforce é um bom exemplo de como as pessoas podem apoiar a eficiência da tecnologia. O site foi concebido de tal forma que incentiva os consumidores a experimentarem uma demonstração. Em cada fase do processo de demonstração, a ajuda humana é rápida e facilmente acessível através de vários canais, caso o visitante precise. O Salesforce também acredita na importância de cimentar o engajamento pessoal. Em muitos países, a empresa organiza jantares executivos em restaurantes exclusivos, para os quais convida empresários locais. Eles se certificam de que há um palestrante divertido para começar a noite com um estrondo e, em seguida, os convidados se acomodam para desfrutar de uma boa noite, à moda antiga, com um jantar fino preparado por grandes chefs. Uma das reviravoltas inteligentes é que o Salesforce convida clientes e não clientes para esses eventos. A empresa não faz um discurso de venda direta como tal, mas atua como um facilitador. Os clientes e não clientes falam uns com os outros, com os primeiros quase inevitavelmente explicando ao segundo a sua experiência positiva com o Salesforce. Em outras palavras, o argumento de venda é feito indiretamente pelos próprios clientes da empresa. O conceito funciona muito bem, todos os participantes aproveitam a noite, porque não têm um tubo com vendas tradicionais enfiado goela abaixo. Em vez disso, recebem boa comida e uma história com muito conteúdo humano. Além disso, também há a oportunidade de interagir com outras pessoas interessantes de setores relacionados. Parece um conceito clássico, mas, ao não falar deliberadamente sobre a empresa e ao deixar os clientes e não clientes interagirem, o Salesforce o transformou em uma abordagem original - e que funciona. A natureza exclusiva dessas noites faz com que pareçam algo muito especial. É assim que o contato humano deve ser empregado no relacionamento com o cliente - como um produto escasso e de luxo, que faz com que seus destinatários se sintam bem.

A Coolblue tem um canal muito bem-sucedido no YouTube. Os seus vídeos são em holandês e respondem a todo o tipo de perguntas sobre os produtos em questão. Como substituir um cartão SIM em um iPhone? Como instalo o meu novo televisor? Esses e muitos outros assuntos são mostrados de forma simples e prática nos vídeos. Em 2013, esses vídeos curtos e simples atraíram doze milhões de visualizações. A Coolblue optou deliberadamente por utilizar o próprio pessoal nos vídeos. "Poderíamos usar animações de vídeo", diz Pieter Zwart, "mas isso não é pessoal o suficiente. Muitos gerentes estão preocupados em trabalhar com pessoas reais, porque há sempre uma chance de que eles saiam enquanto uma máquina sempre vai ficar. Mas não estamos preocupados com isso. As pessoas mudam de emprego... É assim que o mundo funciona. Quando isso acontecer, vamos encontrar outra pessoa. Sem problemas."

O COMPONENTE EMOCIONAL DA INTERFACE HUMANA

A emoção forma a base das nossas memórias. Certas canções podem nos fazer lembrar de um feriado, ou o nosso tempo na universidade ou a primeira vez que estivemos apaixonados. Olhar para uma foto de um safari chama a memória daquele momento, para que você possa quase ouvir o leão ainda rugindo em seu ouvido. A emoção também pode estar ligada à experiência de produtos e serviços. A música tocada pela Disney durante os seus espetáculos de fogos de artifício é pura gestão de emoções. O humor do atendente de gasolina da Shell descrito anteriormente também cria emoção. Em seu livro *Aumente o poder do seu cérebro*,[156] John Medina descreve esse processo de forma simples: quando o cérebro descobre um conceito cheio de emoção, mais e mais dopamina é libertada. A dopamina aumenta o poder da memória, para que esses momentos permaneçam fixos nas nossas mentes.

Isso significa que, se as empresas podem atingir o acorde humano, tocando nas emoções das pessoas, vão ganhar um lugar permanente na memória de seus clientes. A finalidade do relacionamento humano com o cliente é acrescentar valor emocional à equação. Gerar emoções positivas pode ter inúmeros efeitos positivos para uma empresa. Não só melhora os resultados financeiros, como também cria uma melhor percepção e aumenta a fidelidade dos funcionários e dos consumidores.[157]

A força dos computadores reside na automação da relação com o cliente e o valor agregado do componente humano é a sua capacidade de tocar o acorde emocional nas pessoas. Para compreender como esse valor humano é criado, é necessário primeiro compreender o que os computadores não podem fazer. Não há dúvida de que eles estão ficando mais inteligentes. No momento, eles são tão inteligentes quanto um grupo de abelhas, mas em alguns anos eles serão tão inteligentes quanto todas as pessoas no mundo juntas. Até agora, os computadores têm se destacado em tarefas puramente racionais. Em outras palavras: eles já são melhores do que a metade esquerda do nosso cérebro humano, mas são inúteis quando se trata das tarefas realizadas pela metade direita. Emoção, criatividade e empatia são coisas que não se encontram em um computador. Daqui a vinte anos? Quem sabe? Mas certamente não antes disso. Mesmo o espetacular novo superchip da IBM, True North, trata apenas das funções da metade esquerda.[158]

Vale repetir: os computadores não foram capazes de criar algo. Há algumas qualidades que são exclusivamente humanas:

- *Criatividade*. Considere que cem por cento da inovação mundial foi criada por pessoas versus 0% por máquinas.

- *Empatia.* Computadores capazes de exibir emoções. O meu computador não fica triste quando estou triste, mas a minha família sim. O meu computador não fica feliz por mim quando algo de bom acontece na minha vida, mas os meus amigos sim.
- *Paixão.* As pessoas adoram pessoas apaixonadas. A paixão é contagiante e inspiradora.

Na seção seguinte, discutirei essas três qualidades humanas únicas e mostrarei como elas podem ser melhor encaixadas no relacionamento com o cliente.

1. *Criatividade.* A sociedade atribui grande importância à criatividade. Por exemplo, as pessoas estão dispostas a pagar muito dinheiro por obras de arte conhecidas. Os ingressos caros para o Cirque du Soleil que as pessoas estão dispostas a pagar para ver algo diferente. Em um restaurante com estrela Michelin, você paga não só pela qualidade da comida e do serviço, mas também pela criatividade do chef. Durante o festival anual de publicidade em Cannes, nunca é um computador que ganha os prêmios. Esse festival é a grande reunião de criatividade do mundo da comunicação. Todos os anos há novas joias a serem admiradas. E é sempre a publicidade que consegue tocar o acorde emocional e humano do consumidor (e do júri) que ganha os prêmios.

Em *A segunda era das máquinas*, Brynjolfsson e McAfee enfatizam que os computadores atuais não possuem criatividade. Eles não podem criar nada de novo. Alguns gerentes temem que o hype do big data limite seu próprio direito de ser criativo, mas é o contrário. Os grandes volumes de dados precisam de criatividade humana antes de serem capazes de acrescentar valor, só os dados valem muito pouco. É a forma como as pessoas criativas utilizam os dados que gera inovação e valor. Sem a criatividade humana, o melhor que os dados podem fazer é auxiliar na otimização do que já existe. Os jornalistas da Associated Press agora dedicam seu tempo a relatórios criativos e aprofundados, em vez de escrever artigos de rotina sobre resultados de negócios. Esse trabalho mais básico e não criativo foi assumido pelos computadores. O papel humano está cada vez mais centrado na criatividade e na inovação, que são duas características humanas únicas.

Alguns pesquisadores até veem a criatividade como a mais alta forma de inteligência humana.[159] A criatividade vai muito além de reproduzir a informação e o pensamento de forma lógica. Em geral, as pessoas criativas são intelectuais, mas nem todas as pessoas inteligentes são criativas. A criatividade é o passo final na famosa pirâmide de Maslow. A habilidade de resolver problemas e pensar de forma criativa é a necessidade final depois de completar com sucesso todos os outros passos da pirâmide. Evoluções importantes na história mundial sempre estiveram ligadas à criatividade das pessoas. Desde as ideias revolucionárias da Renascença até à mais avançada magia tecnológica de hoje, a criatividade humana tem estado constantemente na vanguarda da inovação e da mudança.

Mais autonomia para os times principal e o de apoio, que também funciona para o usuário final, são dois elementos-chave do modelo cliente em primeiro lugar que discuti no capítulo 2. É inteligente que as empresas permitam criatividade humana florescer em todas as fases da relação com o cliente. Você deve permitir que todos os seus funcionários pensem de forma criativa sobre melhorias que possam beneficiar o cliente. A criatividade pode ser aplicada à relação com o cliente em grande escala, mas também em pequena escala. Uma empresa de limpeza de janelas que veste seus operários com fantasias de super-herói no dia em que lavam as janelas do hospital infantil local é criativa, mas essencialmente em pequena escala. A sua implementação custa apenas algum dinheiro, mas tem um enorme valor emocional para todos os envolvidos. As crianças, o hospital e até os próprios limpadores de janelas adoram. Cada empresa deve tentar usar ao máximo a criatividade de todos para alcançar esse tipo de pequena melhoria na sua relação com o cliente.

É aconselhável gerir a criatividade de uma empresa de forma proativa. Quando muitos dos processos de rotina se tornarem automatizados em um futuro próximo, isso terá um grande impacto nas competências humanas ainda necessárias nas empresas, mas os empregos criativos não serão assumidos - ou pelo menos não rapidamente - por robôs ou computadores. As empresas precisarão de mais talento criativo. E é importante dar os primeiros passos agora, recrutando pessoas criativas durante a fase de automação e construindo uma ampla rede de parceiros criativos. Toda empresa precisa de pessoal criativo para cada elemento da relação com o cliente (comunicação, desenvolvimento de produtos, contabilidade, vendas).

2. *Empatia*. *Her* é um filme de ficção científica e romance, de 2013, sobre um homem que se apaixona pelo sistema operacional do seu novo computador. O computador tem todas as qualidades relacionais de um ser humano. Samantha - que é o nome do sistema operacional - ouve, simpatiza, dá conselhos, é feliz, etc. É uma ideia interessante - mas muito distante da realidade dos computadores de hoje. O nível de inteligência emocional deles ainda é quase nulo.

A empatia é uma qualidade humana básica, que um computador nunca ouviu falar. A demonstração de empatia é uma reação humana típica entre as pessoas. Se alguém teve azar, os amigos podem mostrar simpatia. Se alguém ganhar na loteria, os amigos podem participar nas celebrações. A empatia pode ser mostrada tanto em situações positivas como negativas. Isso é algo que meu iPhone não pode fazer, nem mesmo a sempre útil Siri. A neurocientista Rebecca Saxe é pesquisadora do laboratório do MIT, onde são feitos estudos sobre possíveis ligações entre o cérebro humano e as máquinas. Durante sua pesquisa, ela localizou a parte do cérebro que é mais adequada para avaliar os sentimentos de outras pessoas. No entanto, essa região empática é quase impossível de construir de forma a torná-la utilizável para um computador. É uma das áreas mais complexas do cérebro.

Programar empatia em um computador exigiria a tradução de todos os conceitos e sentimentos emocionais em uma forma racional. Isso não é, pura e simplesmente, viável nesse momento. Mesmo que fosse, um computador capaz de reagir a esse novo tipo de programação ainda não existe. As partes racionais do nosso cérebro são mil vezes mais fáceis de duplicar em inteligência artificial do que as emocionais. A partilha da felicidade e da tristeza não será possível para os computadores durante muitos anos.[160]

As pessoas podem experimentar os sentimentos umas das outras. Os nossos cérebros possuem neurônios-espelho. Por um lado, eles nos ajudam a copiar o comportamento uns dos outros. Vemos alguém fazendo algo útil e queremos fazer o mesmo. Basta ver seus filhos brincando no parque; você verá os neurônios-espelho em ação o tempo todo. Por outro lado, eles também podem copiar os sentimentos dos outros, não apenas suas ações. Ver outra pessoa chorar pode muitas vezes nos fazer chorar também (bem, a maioria de nós). Mesmo que um completo estranho lhe conte uma história emocionante, as chances são de que você ficará com um nó na garganta e lágrimas nos olhos. As emoções são transferidas de pessoa para pessoa.

Em uma relação com o cliente, essa característica humana é um elemento extremamente poderoso. Ser capaz de ter empatia com o cliente forma a base para uma forte relação emocional. Cerca de 92 por cento dos clientes querem que os atendentes da empresa com quem lidam demonstrem compreensão.[161] Simpatizar com um cliente irritado pode muitas vezes fazer maravilhas. Simpatizar com um cliente perturbado tem impacto. Ser feliz com um cliente cria um vínculo. As pessoas querem partilhar as suas emoções, mesmo com o pessoal das empresas com quem estão lidando. Se alguém quiser comprar um carro novo, para ele este é um dia muito especial. Para o vendedor de carros, é apenas mais um dia de trabalho, mas o vendedor que puder contribuir para o sentimento eufórico do cliente criará um vínculo – um vínculo que tem uma chance maior de levar a uma venda. É mais provável que o vendedor que realiza sua tarefa como rotina perca, e terá menos comissões no final do mês.

O ING Netherlands tem uma reputação de excelência quanto ao atendimento ao cliente on-line. Esse foi um dos primeiros bancos a utilizar as redes sociais como canal de atendimento ao cliente. Sua equipe de helpdesk de mídias sociais agora tem uma ampla experiência nos diferentes tipos de situações que podem surgir e é capaz de lidar com elas com rapidez e eficiência. Em reconhecimento disso, a equipe on-line do ING ganhou o prêmio de serviço ao cliente holandês, em 2014. Para além da sua abordagem padrão à prestação de serviços on-line (rápida e correta), o ING também investiu em um estilo de comunicação mais empático. O banco pensou criativamente sobre como tornar o vínculo com o cliente mais pessoal em situações positivas e negativas. Para começar, há transparência sobre as pessoas que trabalham nos canais de mídia social do banco. Os atendentes usam seus nomes reais. Algumas organizações preferem trabalhar com nomes fictícios. Isso é muitas vezes óbvio para os consumidores, que preferem muito mais falar com pessoas reais e genuínas. Isso é algo que o ING compreendeu.

Isso se reflete em um certo tipo de abertura e calor durante todo o seu processo de serviço on-line. Se um cliente mencionar de passagem que se formou recentemente na universidade, a equipe fará uma foto divertida para parabenizá-lo. Essa foto, juntamente com a resposta à consulta original do cliente, é então compartilhada via mídia social. Do mesmo modo, utilizam, por vezes, cartões virtuais ou um pequeno vídeo para enviar mensagens aos clientes. Ocasionalmente, até mesmo cartões de papel são usados para responder a algo que começou em uma conversa on-line (um aniversário especial, um luto). O objetivo é tornar a relação entre o mercado e a equipe de webcare do ING (e, portanto, o ING no seu conjunto) mais pessoal e mais genuína.

A empatia é uma capacidade humana única. Algumas pessoas e algumas empresas a têm em seu DNA; outras precisam se esforçar mais. Cada organização tem o potencial de desenvolver as qualidades empáticas que precisa para ter sucesso. A empatia é um dos elementos-chave no desenvolvimento de uma verdadeira ligação emocional com os clientes. Por essa razão, é muito importante para ser deixado ao acaso.

3. *Paixão*. Finalmente, há a paixão. Todos são apaixonados por alguma coisa. Para algumas pessoas, é a família. Para outros, é o passatempo ou a carreira. Ninguém é imune. Todos nós temos uma paixão. Computadores, por outro lado, não. Eles apenas executam as tarefas para as quais estão programados. As pessoas adoram pessoas apaixonadas. Não importa qual seja a história – se você puder contar apaixonadamente, terá seu público atento a cada palavra. Uma empresa que tem uma equipe apaixonada assim tem uma grande vantagem quando se trata de criar um vínculo emocional com os clientes. Os funcionários que demonstram orgulho ganham o respeito dos consumidores. Esse entusiasmo conduz automaticamente a uma interação positiva com os clientes.

Tenho um grande respeito pela forma como Marc Coucke transformou a Omega Pharma em um grupo farmacêutico internacional. Ele fundou a empresa em 1987 com um amigo estudante, vendendo xampu para farmácias locais. Depois desse início bem-sucedido, o seu cofundador quis vender o negócio. Marc queria aproveitar o sucesso inicial deles e, por isso, comprou a parte do parceiro. Em 2014, a Omega Pharma tinha um volume de negócios anual de mais de um bilhão de euros e empregava mais de dois mil funcionários. Marc Coucke é um dos empresários mais apaixonados da Bélgica. Ele é uma máquina viva de relações-públicas para suas atividades e usa sua paixão para fortalecer a conexão emocional entre sua empresa e o mercado. Em meados de 2013, ele se convenceu do valor de ter uma conta no Twitter. Como resultado, tanto ele quanto a empresa se lançaram no mundo das redes sociais segundo seu estilo único. Ele disse que, se a conta da empresa tivesse mais de mil seguidores após o final da primeira semana, ele saltaria no lago em frente ao prédio da Omega Pharma. Foi (naturalmente) um desafio que recebeu a atenção dos meios de comunicação belgas. E era (é claro) uma conclusão inevitável que a meta de mil seguidores seria alcançada. Marc convidou todos os seguidores a virem vê-lo cumprir sua promessa. Muitos deles o fizeram e, "coincidentemente", houve uma série de cantores e DJs populares à disposição para transformar todo o evento em um grande espetáculo público. Um ano e meio depois, Marc tem mais de trinta mil seguidores no Twitter e ainda usa sua paixão de forma inteligente para beneficiar sua empresa. Muitos outros líderes foram descobrindo os benefícios potenciais do Twitter, e isso foi uma coisa boa. Mas também há muitos esperando que os seguidores venham até eles. Empresários, como Marc Coucke, encontraram ativamente os próprios seguidores, usando sua paixão para atrair o grupo-alvo certo. Claro que nem todos são Marc Coucke.

A pesquisa realizada pelo LinkedIn em colaboração com o Grupo Altimeter demonstrou que a liderança da empresa é um fator-chave na partilha de paixão com o mercado. Quanto mais apaixonados forem os líderes de uma empresa, mais apaixonados serão os funcionários da mesma.[162] As redes sociais são o lugar ideal para que esses funcionários partilhem o seu entusiasmo e orgulho com o resto do mercado. No meu livro *The Conversation Company*,[163] dediquei uma atenção considerável ao papel dos atendentes de empresas como embaixadores delas. Essa abordagem ajuda e muito a encontrar o toque humano certo. Quanto mais funcionários compartilharem suas experiências nas mídias sociais, mais o mundo externo ficará impressionado com a paixão da empresa em questão.

É claro que há muito mais do que só compartilhar histórias on-line. Paixão é ter uma dose diária de impulso e motivação. Trata-se de funcionários que gostam de ajudar os clientes. Trata-se de possuir qualidades humanas únicas que têm um efeito contagioso nos outros. A personalidade e a cultura da empresa formam a base para todas essas coisas. A procura constante de novas formas de transmitir essa paixão aos clientes no mundo on-line e offline deve se tornar uma parte permanente da gestão da relação humana com o cliente.

DEIXE SEUS FUNCIONÁRIOS BRILHAREM

Na relação com os clientes do futuro, serão os seus funcionários que brilharão quando se trata de criar uma ligação emocional com os consumidores através da mistura especial de criatividade, empatia e paixão. Todas estas são qualidades que os computadores são incapazes de reproduzir. É importante deixar o seu pessoal marcar pontos nas coisas em que são bons. Existe hoje uma tendência de sobrecarregar o funcionário com todo o tipo de ajuda tecnológica para "otimizar" as suas relações com os clientes. Afinal, é lógico pensar que um vendedor com um iPad será mais capaz de ajudar os clientes. Assim como é lógico pensar que completar uma simulação de computador com um cliente aumentará a probabilidade de uma venda. Lógico, mas errado. Um artigo no *Journal of Marketing*[164] mostrou que a satisfação do cliente em relação aos momentos de contato com a equipe depende da existência de um clique emocional entre os dois.[165] Na verdade, a tecnologia é uma barreira. A satisfação do cliente é menor quando se trata de pessoal com tecnologia do que pessoal sem tecnologia. As melhores relações emocionais são formadas entre as pessoas, sem que a tecnologia seja vista em nenhum lugar. Deixe que seus funcionários sejam as estrelas do novo tipo de relação com o cliente. Se eles não precisam de tecnologia para fazer o seu trabalho corretamente, não lhes dê. Momentos sem tecnologia proporcionam a melhor oportunidade para uma interação humana significativa. Hoje, as simulações de computador são muitas vezes feitas para elaborar ofertas para pessoas que querem comprar um carro. Mas, antes de chegar tão longe, é aconselhável deixar um vendedor mostrar o carro ao cliente sem um computador. O entusiasmo humano fará toda a diferença.

Essas conclusões não significam, evidentemente, que a tecnologia seja prejudicial para a relação moderna com o cliente. Isso seria contrário a tudo o que eu disse na primeira parte do livro. A chave é usar a tecnologia apenas para as coisas que ela faz bem. Não é necessário ou benéfico ter tecnologia presente em *cada* momento de contato com o cliente. Os poucos momentos restantes de contato humano com o cliente devem permanecer assim: humanos. Nesses momentos, o suporte tecnológico pode ter um efeito negativo. Criar conscientemente ligações puras e genuínas entre as pessoas no contexto da relação com o cliente é a única forma de gerar verdadeiro valor.

TOQUE HUMANO = LIGAÇÃO EMOCIONAL

Uma atitude ambiciosa constitui a base da relação humana com o cliente. Criar conscientemente oportunidades de interação entre as pessoas é a melhor maneira de fortalecer o vínculo emocional do relacionamento. As interações humanas espontâneas ocorrem em todas as empresas do mundo. Mas isso não é suficiente. Esses momentos precisam ser otimizados pela gestão mais explícita dos três componentes humanos cruciais: criatividade, empatia e paixão. Essa estratégia também transmite uma mensagem positiva ao pessoal. No momento, muitos funcionários olham para o futuro com desconfiança e incerteza, perguntando-se se ou quando serão substituídos por uma máquina. Ao realçar o importante papel estratégico e emocional das pessoas no futuro das relações com os clientes, os gestores podem criar ainda mais confiança. Os funcionários querem ser valiosos para a empresa, querem ser valiosos para os clientes. É tarefa da gerência ajudá-los nessa tarefa e desenvolver a estratégia necessária para a interação humana.

9
Poder da multidão

VOLTAR AO INÍCIO

O setor dos seguros começou há muito tempo como um acordo entre agricultores locais. Todos os agricultores do mesmo bairro depositaram dinheiro em uma espécie de conta poupança coletiva. Todos contribuíram, então o nível de risco para todos diminuiu. Se o celeiro de alguém fosse incendiado, essa pessoa poderia pedir dinheiro do fundo para reconstruí-lo. Em 1798, o governo holandês adotou a ideia e iniciou um esquema de seguro coletivo para a comunidade pecuária. Sob o nome de *Veefonds* (fundo do gado), ele ofereceu proteção contra a possibilidade de epidemias graves destruindo rebanhos inteiros e rebanhos de gado. Posteriormente, o mesmo conceito foi retomado pelo mercado aberto, quando os operadores financeiros fizeram uma oferta comercial às partes privadas interessadas.

Hoje, uma nova empresa, a Friendsurance (uma startup alemã) está tentando ressuscitar o velho e original conceito de seguro. Graças à internet, o conceito pode ser aplicado em uma escala incomensuravelmente maior. Já não se dirige às pessoas a nível local, mas sim a toda a Alemanha. Através do site Friendsurance, grupos de consumidores formam comunidades e depois buscam um seguro adequado para os riscos específicos da comunidade. Esse seguro é fornecido por empresas de seguros existentes, mas os grandes volumes envolvidos significam que as comunidades muitas vezes podem negociar reduções significativas de prêmios. E se não forem feitas reclamações contra a apólice, um bônus não reclamado de até cinquenta por cento do prêmio pode, por vezes, ser reembolsado. Não surpreendentemente, os consumidores estão muito entusiasmados com esse novo conceito, que leva o setor dos seguros de volta às suas raízes: pessoas se ajudando mutuamente para diminuir os seus riscos.

Esse exemplo do setor dos seguros começa agora a surgir também em outros setores. Os consumidores se reúnem cada vez mais em grupos para alcançar objetivos comuns. Esse é o velho princípio de fazer negócios uns com os outros em vez de com grandes organizações impessoais. Mas dessa vez o princípio será aplicado a uma escala global.

Conectar as pessoas umas com as outras é provavelmente a mais humana de todas as relações humanas que as empresas podem facilitar. Permitir que as comunidades se comuniquem entre si e trabalhem juntas cria um vínculo emocional. Se os consumidores forem capazes de alcançar algo juntos, esse vínculo é muito mais forte do que qualquer coisa inerente ao relacionamento normal entre cliente e vendedor. Por isso, neste último capítulo, defenderei que responder ao poder da multidão é uma oportunidade positiva para a sua empresa mostrar o seu rosto mais humano.

O PODER DA MULTIDÃO

A história da Apollo 13 é bem conhecida, sobretudo por causa do filme com Tom Hanks, de mesmo nome. Os astronautas Jim Lovell, Jack Swigert e Fred Haise estavam a caminho da Lua, em 1970, quando o foguete desenvolveu sérios problemas técnicos. Lovell informou a equipe em terra, no Texas, com as palavras históricas "Houston, we have a problem" [Houston, temos um problema]. Os dias seguintes à descoberta do defeito foram tensos para os astronautas. Havia até dúvida se eles conseguiriam retornar à Terra. O mundo inteiro acompanhou o drama na televisão. Finalmente, foi possível reparar o foguete com peças do veículo de pouso lunar e, dias depois, a tripulação estava de volta, em segurança, à Terra. Graças à criatividade humana e à competência técnica dos homens envolvidos, a missão terminou bem-sucedida.

No futuro, as coisas serão diferentes. Em maio de 2014, a NASA decidiu enviar uma impressora 3D para o espaço.[166] Isso aumenta o poder inovador das tripulações espaciais quando as coisas correm mal. Como resultado, também tornará tudo mais seguro. Se houver um problema, uma nova peça pode ser impressa em questão de horas. A NASA desenvolveu esse projeto para si mesma, mas quer compartilhar com o mundo. Se surgir um problema para o qual não exista solução imediata, a NASA quer que os especialistas de todo o mundo sejam capazes de pensar sobre a melhor forma de remediar a situação. Por exemplo, se um engenheiro na Nova Zelândia acha que sabe a resposta, pode enviar a sua sugestão diretamente aos astronautas, sem passar pela NASA. Os astronautas o imprimem e veem se funciona. Além disso, o princípio não se limita a lidar com problemas. Qualquer boa ideia que possa melhorar a experiência e os conhecimentos das tripulações espaciais será experimentada e testada da mesma forma. Com o tempo, os astronautas terão acesso a uma espécie de loja de aplicativos repleta de produtos imprimíveis criados por pessoas de todo o planeta.

O poder da multidão oferece novas oportunidades em muitos campos diferentes. Como as pessoas ao redor do mundo estão agora mais conectadas do que nunca, esse poder se tornou imenso. Os consumidores fazem uso inteligente desse poder todos os dias para resolver muitos tipos de problemas. Por exemplo, o holandês Peter Van Leeuwen postou um vídeo incomum no YouTube, que era composto de trezentas fotografias de um cartão SD que ele tinha encontrado no aeroporto de Schiphol. Ele esperava que o vídeo o ajudasse a devolver as fotos ao seu legítimo dono. Mais de 35 mil pessoas viram o vídeo na esperança de localizar o dono desconhecido – e funcionou. Ele foi encontrado.

Esse simples exemplo mostra que milhões de consumidores dispõem de melhor tecnologia a um custo muito mais baixo, e são capazes de alcançar muito mais do que no passado. O poder intocável da multidão veio para ficar.

A ECONOMIA DE MULTIDÕES ESTÁ SE EXPANDINDO A UMA VELOCIDADE INCRÍVEL

Airbnb e Uber são os porta-estandartes da frota da economia de multidões. Essas duas organizações convenceram o mercado do poder do novo modelo comercial baseado em clientes que fazem negócios um com o outro. O Airbnb reúne pessoas para alugar acomodações nas casas uns dos outros. O Uber oferece a todos a oportunidade de serem taxistas. A empresa também atua como facilitadora entre motorista e cliente. Ambos os exemplos usam o poder da multidão ao máximo.

Mas esses casos bem conhecidos não são, de modo algum, exemplos isolados. A economia de multidões – empresas que conectam pessoas para que possam fazer negócios juntos – cresceu consideravelmente nos últimos anos. Seu tamanho exato não é conhecido, mas, em 2011, o MIT estimou o valor de mercado em 110 bilhões de dólares.[167] Com base em sua própria pesquisa, o formador de opinião Jeremiah Owyang estimou que a economia da multidão dobraria em valor entre 2014 e 2015.[168]

Há exemplos dessa filosofia em quase todos os setores. O Lending Club facilita os empréstimos entre consumidores e é a maior empresa ativa no mercado. Em março de 2014, sua plataforma organizou mais de 4 bilhões de dólares em empréstimos[169] entre consumidores. Em um setor diferente, a Instacart promete entregar mantimentos para os consumidores em suas casas dentro de uma hora. As entregas não são feitas pela empresa, mas por pessoas que vivem perto das que fizeram os pedidos. Em junho de 2014, a Instacart conseguiu levantar 44 milhões de dólares para estender seu serviço a todas as cidades dos

Estados Unidos.[170] A BlaBlaCar é uma empresa francesa que conecta pessoas que querem uma carona de uma cidade europeia para outra. Em vez de pedir carona, usar transportes públicos ou dirigir, você escolhe um motorista da comunidade BlaBlaCar. Isso conduz a uma situação vantajosa para ambos os consumidores. O motorista encontra alguém para partilhar as despesas de viagem; o passageiro recebe uma viagem barata e relaxante. A BlaBlaCar está ativa em doze países e tem oito milhões de membros. Enquanto a Uber é adequada para viagens curtas, a BlaBlaCar pretende se tornar a líder mundial para viagens mais longas. No início de julho de 2014, a empresa também conseguiu levantar (com facilidade) cem milhões de dólares necessários para financiar sua expansão internacional.[171]

A escala do investimento dessas empresas fala por si. Em 2014, ficou em torno de 102 milhões de dólares.[172]

DIRETO AO USUÁRIO FINAL

Cada vez mais consumidores estão começando a compartilhar produtos entre si em vez de comprá-los. Por que é que todos devem comprar o próprio cortador de grama? Tudo o que precisa é ter um cortador de grama disponível quando precisar dele. Um por cada cinco casas seria suficiente. Por que pagar a uma empresa por um serviço dispendioso, se os seus colegas podem fornecê-lo mais barato? Se isso também pode levar ao que ambas as partes podem ganhar, o sucesso é garantido. Por que alugar um carro da Hertz, se pode partilhar um carro com alguém através da BlaBlaCar? Os membros do FlightCar alugam os próprios carros enquanto viajam. Em vez de pagar pelo estacionamento no aeroporto, eles ganham dinheiro enquanto viajam. Cars2Go (ver capítulo 1) é outro conceito popular que evita a necessidade de comprar o próprio carro, porque um estará sempre disponível para você em qualquer cidade que estiver.

Há também um número crescente de iniciativas nos mercados B2B, que envolvem empresas que trocam e partilham produtos e serviços entre si, em vez de os comprarem diretamente. Um exemplo é o ODesk, um RH de multidões. As empresas trocam pessoal entre si, dependendo dos projetos que estão implementando. A Storefront coloca os varejistas em contato uns com os outros sobre lojas vazias – um serviço que é muito popular na procura de novos locais para lojas pop-up. A empresa americana MyTurn.com permite que funcionários de diferentes empresas compartilhem equipamentos de escritório. Isso torna possível, por exemplo, poupar na compra de scanners caros. A partilha desse tipo de aparelhos entre várias empresas na mesma área é mais barata, mais eficiente e mais responsável do ponto de vista ecológico.

Todas essas novas formas de colaboração estão destinadas a mudar os métodos principais de muitas de nossas indústrias. Elas otimizam as ineficiências nos processos clássicos existentes. Além disso, todas envolvem um relacionamento direto com o cliente, o usuário final. Não existem elos desnecessários na cadeia. Essas novas empresas são facilitadoras, aproximando pessoas com uma necessidade comum.

Essa tendência tem grandes implicações na relação com o cliente. Em muitos casos, o modelo de produção será substituído por um modelo de serviço, em que a prestação do serviço certo pode se tornar mais importante do que a venda do produto certo. Se isso for levado ao extremo, para que os clientes deixem de comprar quaisquer produtos, todas as empresas se encontrarão de repente no setor dos serviços! Além disso, cada empresa com uma ligação intermediária terá que se questionar sobre as suas relações com o cliente. Para chegar ao quadrante "quando o digital se torna humano" do meu modelo, uma empresa precisa de uma relação emocional com seus usuários finais. Mostrar respeito pela ligação intermediária afetará negativamente as hipóteses de desenvolver uma relação de sucesso com o cliente no futuro. Empresas de seguros totalmente dependentes de agentes de seguros já não têm uma relação direta com os seus clientes. Tendo em conta a evolução para relações mais diretas, esse modelo de negócio se tornará perigosamente de alto risco nos próximos anos.

A ECONOMIA DE MULTIDÕES É UMA OPORTUNIDADE

A economia de multidões está mudando os modelos de negócios em muitas indústrias diferentes. Em muitos setores, promoverá novos líderes de mercado. Como vimos, isso já aconteceu com a Uber e o Airbnb nos setores dos táxis e da hotelaria. Para muitas empresas, deve parecer ameaçador ver como os clientes (facilitados por novas marcas) estão desviando uma parte substancial do mercado para si próprios.

"Uma ameaça é uma oportunidade que você viu tarde demais", diz Rudy Moenaert, professor de marketing estratégico da Tias Business School. E ele tem razão. A economia de multidões pode ser uma oportunidade fantástica para injetar ainda mais emoção na relação com o cliente. No capítulo anterior, discuti como as empresas podem usar o coração e os talentos de seus funcionários para adicionar um toque humano às suas relações com os clientes. Neste capítulo, esse toque humano é criado, por um lado, pela ligação dos clientes a outros clientes e, por outro, por permitir que os clientes se tornem mais estruturalmente integrados na empresa. Se uma marca pode ter sucesso em permitir que seus clientes trabalhem juntos e se ajudem, isso levará automaticamente a um vínculo emocional mais forte. Se uma empresa integrar estruturalmente os clientes em vários de seus processos, isso pode tornar o vínculo ainda mais forte. Se as pessoas se identificam com a empresa e com outros clientes dessa empresa, os resultados podem ser muito poderosos.[173]

Os fãs de bandas de rock, DJs ou cantores pop são um bom exemplo. Os fãs ficam de pé durante horas no frio e na chuva apenas para vê-los. Eles têm fotos de seus ídolos nas paredes de seus quartos e seu autógrafo é algo que deve ser guardado para sempre. Os shows são uma experiência única. Muitos fãs se expressam visivelmente: em suas casas, em seus carros, até mesmo em seus corpos. A tatuagem é a forma mais extrema de identificação. Mas isso só é possível com fortes ligações emocionais. Os fãs são atraídos por seus ídolos e de alguma forma sentem que podem conquistar as coisas juntos. A maneira como Lady

Gaga fala sobre seus "monstrinhos", em referência aos seus fãs, é uma maneira inteligente de fazer a conexão ainda mais forte.

Em um contexto diferente, é igualmente inteligente como a BMW começou com o DriveNow, um serviço que permite que os consumidores das grandes cidades façam uso de um BMW a qualquer hora do dia ou da noite. Isso é comparável com o conceito Cars2Go, mas limitado à marca BMW. Por um preço razoável, os consumidores podem utilizar um BMW Série 1 ou um Mini. A localização dos veículos pode ser encontrada usando o aplicativo DriveNow. Depois de terminar de usar o carro, pode deixá-lo onde quiser. O preço é determinado com base em uma assinatura mensal e no número de quilômetros percorridos. Quando essa ideia foi sugerida pela primeira vez na sala de reuniões da BMW, não deve ter sido acolhida com aprovação unânime. O objetivo da empresa é vender o maior número possível de carros, mantendo a aura de exclusividade da marca. O conceito BMW DriveNow tem implicações para ambos os objetivos, mas os diretores foram suficientemente sábios para ver que esse é o caminho do futuro – e o fizeram de qualquer forma. Bravo!

O mesmo se aplica à DHL. Na Suécia, a empresa iniciou um serviço de entrega peer-to-peer. Em outras palavras, os consumidores podem ganhar um pouco mais de dinheiro com a entrega de pacotes para a DHL. Todos são livres para se inscreverem. Esse novo sistema é um ataque ao próprio modelo de negócio da DHL, mas eles se sentiram obrigados a testá-lo. Porque se não o fizerem, alguém mais (Uber?) o fará.

A loja de varejo britânica B&Q também lançou uma iniciativa que incentiva os consumidores a compartilhar ferramentas com seus amigos. O B&Q Streetclub garante que cada bairro precisa apenas de uma broca ou lavadora de pressão. Além disso, a partilha entre vizinhos melhora o contato social. Em resumo, é uma boa iniciativa, mas que, novamente, ataca o modelo básico de negócios da empresa em resposta ao poder das multidões.

Esses exemplos mostram que cada vez mais empresas estão descobrindo oportunidades de pôr os consumidores em contato uns com os outros, embora isso envolva uma forma de canibalismo comercial. E a premissa básica é sempre a mesma: se não o fizermos, outra pessoa vai fazer. Por isso, essas iniciativas estão aumentando. Em 2012, houve apenas oito grandes marcas com iniciativas do tipo. Em 2013, foram 44. Já em 2014, o número subiu para mais de 250.[174]

ESTUDO DE CASO: O APARELHO DE AR-CONDICIONADO AROS

A Quirky é uma empresa de inovação com sede em Nova York. A empresa implementa ideias brilhantes de pessoas comuns. A comunidade Quirky ajuda as ideias a evoluir de um rascunho para um conceito até um produto finalizado. Todos são livres para enviar ideias e para ajudar com as ideias de outras pessoas. Se o produto for eventualmente colocado no mercado, todos os que trabalharam no projeto recebem uma parte dos lucros. Os produtos peculiares são vendidos nos principais pontos de venda e no seu próprio site.

Em março de 2014, foi lançado um dos seus produtos mais notáveis: o ar-condicionado Aros. Esse aparelho "inteligente" tem em conta a rotina diária do seu proprietário para manter a temperatura a um nível ótimo. Além disso, os consumidores podem operá-lo pelo seu smartphone, para que possam ajustar as configurações, não importa onde estejam. Também é possível programar um orçamento máximo mensal, para que você só gaste o quanto quiser ou puder pagar. A unidade também é elegantemente projetada, de modo que combina com os interiores mais modernos. Em outras palavras, é um produto forte, mas a forma como foi desenvolvido é única. Envolveu a colaboração entre o inventor Garthen Leslie, Quirky e General Electric. Garthen Leslie teve a ideia quando descobriu que o seu aparelho já não satisfazia as suas necessidades. Ele apresentou o esquema ao Quirky, onde foi aceito por muitos membros da comunidade. No total, 2.991 pessoas trabalharam na ideia para torná-la realidade. A General Electric monitoriza regularmente as inovações no site do Quirky e decide se vale a pena investir. Consequentemente, o Aros é agora uma empresa comum entre Quirky e GE, que também apoiou o lançamento. Kevin Nolan, vice-presidente de tecnologia da GE, acredita que a empresa nunca teria pensado nessa ideia. O projeto do ar-condicionado é uma primeira experiência de cooperação entre GE e Quirky, mas há uma chance muito real de que mais e mais iniciativas desse tipo aconteçam no futuro.[175] Enquanto isso, Garthen Leslie já ganhou 61 mil dólares com sua ideia, e os outros membros participantes da comunidade dividiram 27 mil dólares entre eles. Se o produto continuar vendendo bem, essas quantidades irão aumentar. E tanto o Quirky como o Aros têm pelo menos 2.991 embaixadores muito ativos, uma vez que todos os participantes consideram o produto como seu!

Esse exemplo mostra perfeitamente como novas iniciativas podem ser lançadas e novos sucessos realizados, desde que grandes empresas como a GE estejam suficientemente abertas para as possibilidades existentes. Os consumidores "normais" estão tendo boas ideias – é uma vergonha não as utilizar.

O COLETIVO COMO PARTE DA RELAÇÃO EMOCIONAL COM O CLIENTE

O filme da Disney *Frozen* é a animação de maior sucesso de todos os tempos. Em maio de 2014, já tinha faturado 1,2 bilhão de dólares. Desde *O Rei Le*ão (1999) que a Disney não tinha tanto sucesso com uma produção do gênero que não fosse da Pixar. Além do fato de que o filme é lindo, parte do seu sucesso resulta de sua conexão com os fãs da empresa.

A Disney sempre foi muito rigorosa sobre o uso de sua propriedade intelectual. No passado, se alguém quisesse usar o seu conteúdo para criar algo próprio, isso geralmente levava a uma ação legal nos tribunais. Mas no ano passado a Disney mudou a sua abordagem.[176] A aquisição da Maker Studios alterou completamente a sua atitude em relação ao YouTube. Até recentemente, a Disney a via como um canal de distribuição ilegal de seus filmes, mas desde 2014 ela descobriu o seu potencial. Como primeiro passo, a sequência animada com a música título "Let it Go" foi colocada na íntegra no YouTube. A Disney decidiu abraçar o conteúdo apresentado pelos fãs em resposta ao clipe. De acordo com o *Wall Street Journal*, existem agora mais de sessenta mil variantes on-line da música, tudo feito por fãs. No total, essas variações atraíram sessenta milhões de visualizações.[177] A música oficial tem quase trezentos milhões. Os consumidores compartilham os vídeos uns com os outros, e o hype em torno de *Frozen* continua a ficar cada vez maior o tempo todo.

Quando os consumidores se sentem parte de um produto, cria-se a relação emocional mais forte possível com a empresa. Isso é invariavelmente traduzido em excelentes resultados financeiros, como mostram os números de *Frozen*. O filme não só bateu todos os recordes de bilheteira, como a venda da trilha sonora também se destacou, com mais de 2,7 milhões de cópias vendidas. Os resultados gerais do negócio para o império Disney atingiram novos recordes no segundo trimestre de 2014.[178]

Este capítulo trata do passo final no desenvolvimento de um relacionamento mais humano com o cliente: o vínculo entre as pessoas e com a organização. O objetivo final é tornar o cliente uma parte da empresa. As possibilidades oferecidas pela digitalização fazem deste um objetivo realista. Este deve ser um elemento importante em qualquer discussão estratégica relacionada ao papel das pessoas na relação com o cliente. Há oportunidades para que cada organização fortaleça seu vínculo com seus clientes, permitindo que desempenhem um papel maior em suas atividades. Há quatro formas de conseguir isso:

1. crowdsourcing;
2. crowdfunding;
3. crowdservice;
4. crowdcommerce.

Vou agora analisar cada uma das quatro opções e ilustrá-las com casos concretos.

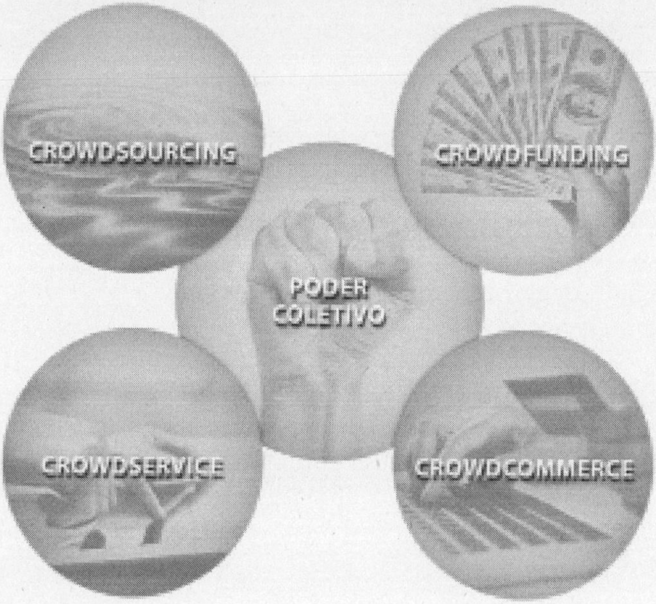

Figura 9.1 ***Modelo: poder do coletivo na relação com o cliente através das quatro opções***

1. *Crowdfunding.* O mercado é uma tremenda fonte de inspiração para as organizações. Ao apelar à ajuda dos seus clientes, é possível encontrar novos produtos, cumprir prazos curtos e implementar melhorias nos processos relacionais. Em *The Conversation Company*, descrevi o cliente como o melhor consultor para qualquer empresa. Em *The Consumer Consulting Board*,[179] a InSites Consulting explora ainda mais esse pensamento. Mais e mais empresas estão descobrindo o valor agregado de desenvolver uma comunidade de clientes/conselheiros. É extremamente útil para qualquer organização poder testar as suas decisões

diárias contra as opiniões dos seus clientes. Muitas das grandes marcas têm comunidades desse tipo. Algumas dessas comunidades operam nos bastidores; algumas são plataformas abertas de inovação. A Adidas iniciou a sua comunidade de clientes em 2012, e a Adidas Insiders é uma fonte diária de inspiração para a marca. Em 2013, a Procter & Gamble também lançou um site de inovação aberto para capitalizar essa tendência. A contribuição dos consumidores é necessária tanto para gerar novas ideias como para testá-las. Os clientes que participam dessas plataformas se tornam ainda mais comprometidos com a marca. Fortalece imensamente a relação com o cliente.

O crowdsourcing pode ir muito além de recolher novas ideias relacionadas aos produtos e serviço ao cliente. As empresas também podem fazer uso do coletivo para ajudar no desenvolvimento efetivo dessas ideias. Essa foi a abordagem adotada pela Cartamundi para um campo importante. Quando as primeiras sugestões de design não foram recebidas favoravelmente por um cliente-chave, a empresa decidiu que precisava injetar alguma criatividade extra nas suas propostas. Decidiram partilhar as suas ideias conceituais com uma comunidade de designers. Em 24 horas, a empresa recebeu ofertas de cinco designers para expandir e elaborar o conceito básico. Eles vieram de todo o mundo (incluindo Colômbia, Índia e México). A Cartamundi organizou uma pesquisa entre a comunidade mais ampla para ver qual das cinco novas ideias era considerada a melhor. O vencedor ganhou quinhentos dólares pelo trabalho; os outros quatro receberam uma quantia menor. O resultado foi que, em 24 horas, a Cartamundi conseguiu reapresentar suas propostas ao seu principal cliente, mas a um nível muito superior – e dessa vez com sucesso. Esse caso destaca os benefícios que o crowdsourcing pode oferecer: maior flexibilidade, custos mais baixos e clientes mais satisfeitos.

2. *Crowdfunding*. Se pensarmos na Jamaica, provavelmente pensamos, como a maioria das pessoas, em reggae, palmeiras

> e rum. Provavelmente não em neve e gelo. Mesmo assim, em 1988, a Jamaica participou dos Jogos Olímpicos de Inverno pela primeira vez com seu próprio time de bobsleigh. Para os Jogos Olímpicos de 2014 em Sochi, os jamaicanos mais uma vez se classificaram no esporte. Infelizmente, dessa vez não houve dinheiro suficiente para financiar a viagem da equipe para a Rússia e a sua permanência. Por isso, decidiram recorrer ao financiamento coletivo. Eles explicaram suas necessidades on-line e lançaram um apelo para conseguirem os oitenta mil dólares necessários. Em poucos dias, tinham atingido o seu alvo. Graças a um grupo de estranhos, eles conseguiram realizar o sonho de participar das Olimpíadas.[180]

O financiamento coletivo aumentou nos últimos anos. A sua maior plataforma é o Kickstarter. Entre o lançamento da plataforma, em 2009, e meados de 2014, ela havia arrecadado aproximadamente 1,2 bilhão de dólares em financiamento para mais de 65 mil projetos. No total, 6,5 milhões de pessoas fizeram contribuições em um momento ou outro; dois milhões delas investem regularmente em novos conceitos no site. Esta ideia de recorrer ao financiamento de membros do público em vez de recorrer a grandes investidores e capital de risco se tornou uma alternativa financeira importante para as empresas em fase de arranque, que necessitam de um orçamento inicial relativamente pequeno. O financiamento coletivo é menos comum (e menos bem-sucedido) quando são necessários grandes orçamentos. Apenas 56 projetos Kickstarter angariaram mais de 1 milhão de dólares. Cerca de mil projetos levantaram entre cem mil e um milhão de dólares. A grande maioria dos projetos precisa de vinte mil dólares ou menos.

No final de 2013, os empresários belgas Mick Van Loon, Wouter Verschelden e Patrick Van Waeyenberge lançaram o NewsMonkey. Este site de notícias inovador e interativo pretende reinventar a forma como o jornalismo é feito. A participação dos leitores do site é a chave. Esses leitores são encorajados a reagir, tanto quanto possível, aos artigos que aparecem no site e a partilhar as histórias através das redes sociais. No futuro, os leitores poderão contribuir com conteúdo próprio. Se alguém interage muito com o site, pode até mesmo adquirir um determinado status social. A ideia da coletividade está ligada à filosofia do NewsMonkey. Para provar isso, os fundadores decidiram tentar angariar parte do seu capital inicial através de financiamento coletivo. O alvo deles era 100 mil euros. O resultado foi 315 mil euros. Todos esses pequenos acionistas são coproprietários da empresa. Seu engajamento cria um vínculo emocional que tem inúmeras vantagens para o novo site. Em particular, eles serão responsáveis pela promoção e relações-públicas do site. Afinal, querem um retorno do seu investimento!

A Scanadu, desenvolvedora de scanners de saúde de autocontrole, também fez uso desse tipo de financiamento. No final de 2013, a empresa levantou 1,3 milhão de dólares através do financiamento coletivo.[181] Nesse caso, a relação com os investidores pode ir além do mero financiamento. Cada contribuinte receberá um protótipo do primeiro dispositivo Scanadu. Assim, os contribuidores também se tornarão cobaias humanas! A tarefa deles é testar o scanner e reportar as suas descobertas ao Scanadu. Que vínculo emocional mais forte poderia haver do que isso?

O financiamento coletivo oferece excelentes oportunidades para vincular a parte interessada do mercado mais estreitamente às empresas individuais. Como as pessoas se comprometeram financeiramente, elas tendem a se comprometer emocionalmente. Eles acompanham "seus" projetos com mais atenção e servem como excelentes relações-públicas. Além disso, o financiamento coletivo não é apenas a preservação de pequenas empresas e startups. O projeto do Aros mostra que até mesmo grandes porções de corporações como a GE estão aproveitando a onda.

3. *Crowdservice*. Em 2010, a T-Mobile, na Holanda, acordou para se encontrar no meio de uma crise de relações-públicas

> por causa da sua falta de atendimento ao cliente. Um conhecido artista de cabaré holandês, Youp Van't Hek, levou a público o mau serviço que recebeu. Desde então, a T-Mobile realizou progressos consideráveis; 95% de todas as questões de serviço são de autoatendimento: quaisquer questões pendentes são tratadas, em sua maioria, pelo crowdservice. A T-Mobile tem o maior fórum de clientes na Holanda, com cerca de 193 mil usuários, em 2014. No fórum, os clientes e a equipe da T-Mobile se ajudam mutuamente para melhorar o serviço da empresa. Cerca de 65 por cento de todas as perguntas dos clientes (não autoatendimento) são respondidas por outros clientes, geralmente dentro de minutos e quase sempre com a informação correta. No passado, cerca de vinte por cento das perguntas dos clientes eram recebidas por telefone. Graças ao autoatendimento e ao crowdservice, esse número foi reduzido para a 1,5%. A satisfação dos clientes em ambos os canais é superior a 8,5 de um total de 10.[182]

A empresa de telecomunicações britânica Giffgaff é ainda mais extrema na sua filosofia de serviço do que a T-Mobile. Desde o seu início, em 2009, foi decidido que ela não teria a própria equipe de atendimento. Perguntas e reclamações são respondidas pelos clientes. A Giffgaff também treinou vários desses clientes como atendentes. Eles são recompensados com crédito de chamadas grátis, e os mais ativos são pagos com uma taxa de retenção.

A Sephora, cadeia internacional de cosméticos, tem uma abordagem semelhante para um problema ligeiramente diferente. A empresa recebe milhares de perguntas de seus clientes sobre o uso de seus produtos de beleza. Muitas dessas perguntas são interessantes, mas ela não tem os recursos humanos necessários para responder a todas. Assim, decidiram criar uma comunidade: não só para que os clientes possam trocar experiências e responder às perguntas uns dos outros, mas também para cimentar seu compromisso emocional com a empresa. "Beauty talk" é a plataforma digital onde os consumidores podem falar sobre seus produtos favoritos da Sephora.[183] Todos os dias milhares deles fazem isso. A pesquisa de consumo realizada pela própria empresa mostrou que as participantes na plataforma são as chamadas "superfãs". São pessoas que gastam muito mais dinheiro em cosméticos do que o consumidor médio e a plataforma é o modo perfeito de aproximá-las. Conectar pessoas com os mesmos interesses sempre tem o efeito subsidiário de fortalecer o vínculo deles com a empresa que facilita a conexão. E, nesse caso, essa empresa é a Sephora.

O crowdservice pode ter inúmeras vantagens para quase todas as empresas. No capítulo 4 (Do autoatendimento à automação) descrevi os benefícios que o autoatendimento pode trazer em comparação com o serviço pessoal quanto ao custo. Esses benefícios são ainda maiores com o serviço de multidões. Se o serviço personalizado custa cem, o autoatendimento custa doze e o serviço de multidões apenas nove.[184] Essa é outra forma de retorno da felicidade: clientes mais satisfeitos a um custo menor. Mas há também um importante benefício adicional: acrescenta um aspecto humano ao relacionamento com o cliente, colocando os clientes em contato uns com os outros.

4. *Crowdcommerce*. A quarta possibilidade para envolver as pessoas em suas atividades é criar um mercado em que seus clientes possam fazer negócios uns com os outros. Para produtos de segunda mão, o site da Amazon é um excelente exemplo. O principal negócio da Amazon é vender produtos novos, mas também são espertos para ver os benefícios de ajudar as pessoas a vender seus produtos usados – para que possam comprar mais produtos novos da Amazon! O Etsy é outro bom exemplo de um mercado onde as pessoas podem vender produtos caseiros e artesanais entre si.

Esses mercados são muito populares entre os consumidores. Airbnb, Lending Club e eBay estão entre os mais conhecidos. São plataformas digitais onde as pessoas comuns podem vender coisas umas às outras. Mas também é interessante para as empresas individuais tentarem criar esse mercado. Reúne os clientes – sempre uma coisa boa do ponto de vista emocional – e pode resultar em mais negócios. Há pouco tempo, a Patagonia lançou a Worn Wear, uma plataforma para dar uma nova vida às roupas usadas. A empresa compra de volta roupas em segunda mão de seu cliente e as vende no eBay a preços pequenos.

Em um setor diferente e com um conceito ligeiramente diferente, a General Motors iniciou uma parceria com a RelayRides, que oferece um serviço semelhante ao Car2Go. Os proprietários dos novos veículos Chevrolet, Ford e Cadillac têm a opção de disponibilizá-los aos clientes do RelayRides.[185] Se você não for usar seu carro por um ou dois dias, pode ganhar algum dinheiro extra alugando-o para outra pessoa. O número de veículos participantes no sistema RelayRides já é enorme. A vantagem para a GM é que mais clientes não GM se familiarizam com a condução de seus carros. Por outras palavras, esses aluguéis são quase como test drives – e também trazem retorno financeiro. Essa é uma característica do comércio coletivo: gera vínculo com o cliente e renda adicional.

CONEXÕES HUMANAS COMO O COMPONENTE NO RELACIONAMENTO COM O CLIENTE

Reunir pessoas que partilham um interesse comum cria sempre uma atmosfera agradável. Se você conhece uma cafeteria com um público divertido, é provavelmente a sua cafeteria favorita – e também a de muitos outros. Se o dono desse estabelecimento é criativo, empático e apaixonado, ele pode transformá-lo em uma mina de ouro. Esses são os elementos precisos para criar a relação humana perfeita. Você constrói esta relação através de uma série de interações humanas. No entanto, o número de interações humanas na relação cliente-empresa está e continuará diminuindo progressivamente. Mas, se uma empresa pode aumentar o número de interações entre clientes, impulsiona o elemento humano no seu processo global de relacionamento com o cliente de forma eficiente e eficaz. O professor da Harvard, Daniel

Gilbert, resumiu sua pesquisa sobre a felicidade no livro *Stumbling on Happiness*.[186-187] Sua conclusão mais importante é que a felicidade duradoura não depende da compra de bens ou mesmo de um novo rumo em sua vida, mas se baseia em seu contato social com outras pessoas. Se uma empresa é capaz de facilitar as conexões entre as pessoas, isso injeta uma nova e potente forma de emoção no relacionamento com o cliente.

A procura por multidões e o crowdfunding têm o potencial de conectar consumidores e empresas de forma intensa. Os consumidores contribuem de forma significativa para a empresa, quer através da sua ajuda organizacional, quer através do seu apoio financeiro. Essa forma de compromisso é importante para fortalecer a relação emocional. O crowdservice e o comércio coletivo criam valor agregado para os consumidores, permitindo-lhes se ajudarem mutuamente ou fazerem negócios uns com os outros. Uma forte ligação entre os clientes também resulta em uma forte ligação com a plataforma que torna possível essa interação com o cliente. Twitter e Facebook não geram conteúdo próprio, mas ainda ocupam um lugar importante na vida de muitas pessoas. Por quê? Porque aproximam as pessoas, para seu benefício em causa própria, mas também para o (enorme) benefício da plataforma. Pensar como seus clientes podem criar valor uns aos outros é o passo final no caminho que o levará ao melhor relacionamento com o cliente do futuro.

Os seres humanos se tornaram digitais; agora é hora de o digital se tornar humano.

A TRANSFORMAÇÃO HUMANA: OS INGREDIENTES MAIS IMPORTANTES

É crucial que um componente humano seja adicionado ao componente digital do relacionamento com o cliente. Nos capítulos anteriores, os elementos desse componente humano foram descritos. A implementação destes trará as empresas para o quadrante "quando o digital se torna humano".

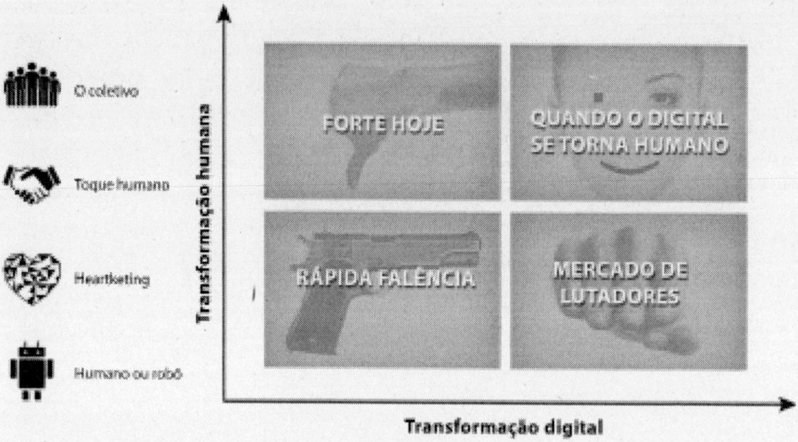

Figura 9.2 ***O quadrante "Quando o digital se torna humano"***

Os seguintes elementos formam o núcleo da transformação para uma relação humana com o cliente:

- A ficção científica tornou-se realidade científica: os computadores e a tecnologia estão cada vez mais com características humanas. Estamos vivendo uma segunda revolução industrial, que transcenderá as limitações do intelecto humano. Como resultado, muitos trabalhos serão automatizados.
- O aspecto humano da tecnologia está cada vez mais forte. No futuro, muitos dos elementos humanos do relacionamento com o cliente serão realizados por computadores e assistentes virtuais, mas nas próximas décadas as capacidades humanas dos computadores ainda serão muito limitadas para substituir completamente os humanos.
- Por enquanto, as pessoas ainda podem adicionar algo extra à tecnologia. Mesmo a melhor análise de dados precisa de criatividade humana para ser eficaz.
- Apesar da excelência tecnológica que podemos esperar no futuro, as pessoas continuarão desempenhando um papel

crucial na relação com o cliente. O objetivo central da interação humana é a injeção de emoção nessa relação.

- A interface digital oferece excelência operacional moderna, combinando eficiência e atendimento extremo ao cliente. O toque humano fortalece o atendimento ao cliente, adicionando emoção.
- Heartketing leva a uma ligação emocional com o mercado. Ele é sobre uma atitude positiva e ambiciosa para com os seus clientes, os seus funcionários e a sociedade como um todo.
- A implementação bem-sucedida do heartketing depende em mais de cinquenta por cento da personalidade dos líderes da empresa. O pessoal da empresa é responsável pelos outros cinquenta por cento. A atitude cordial é, portanto, uma mistura da personalidade dos gerentes sêniores e das pessoas que trabalham para eles.
- Mesmo que os canais digitais estejam funcionando perfeitamente, 73 por cento dos consumidores ainda querem ter contato com atendentes humanos. Nesse contexto, as pessoas podem funcionar como uma espécie de rede de segurança quando surgem problemas com os processos de autoatendimento. O valor da interação humana é muito maior nessas circunstâncias.
- Em geral, há menos contato humano no relacionamento com o cliente, de modo que logo se tornará o elemento mais escasso desse relacionamento. Os computadores não podem mostrar emoção, enquanto as pessoas podem ser racionais e emocionais. No relacionamento moderno com o cliente, os escassos recursos humanos devem ser autorizados a se sobressair em coisas que os computadores não podem fazer: acima de tudo, a construção de conexões emocionais.
- Os componentes necessários para gerar emoções positivas são criatividade, empatia e paixão. Esses três talentos humanos únicos têm a possibilidade de criar valor significativo para o cliente.
- A economia coletiva está crescendo rapidamente. Os consumidores estão criando valor agregado colaborando uns com

os outros. Isso vai perturbar muitos dos modelos de negócio clássicos de hoje. As empresas devem pensar cuidadosamente sobre como podem usar essa nova tendência para tornar a sua relação com os clientes mais humana.

- Crowdsourcing, financiamento coletivo, crowdservice e comércio coletivo são os quatro métodos que uma empresa pode usar para aplicar a filosofia crowd, resultando em um relacionamento mais intenso e mais emocional com o cliente. Tendo em conta que o número de interações humanas diminui, é essencial tornar possível que os clientes trabalhem com outros clientes.
- A relação comercial moderna vai além da relação cliente-empresa. É uma rede de relações diferentes. Hoje em dia, os clientes se conectam com as plataformas digitais das empresas, seus funcionários e outros clientes. A gestão desses componentes leva a um novo tipo de relacionamento: o digital se torna humano!

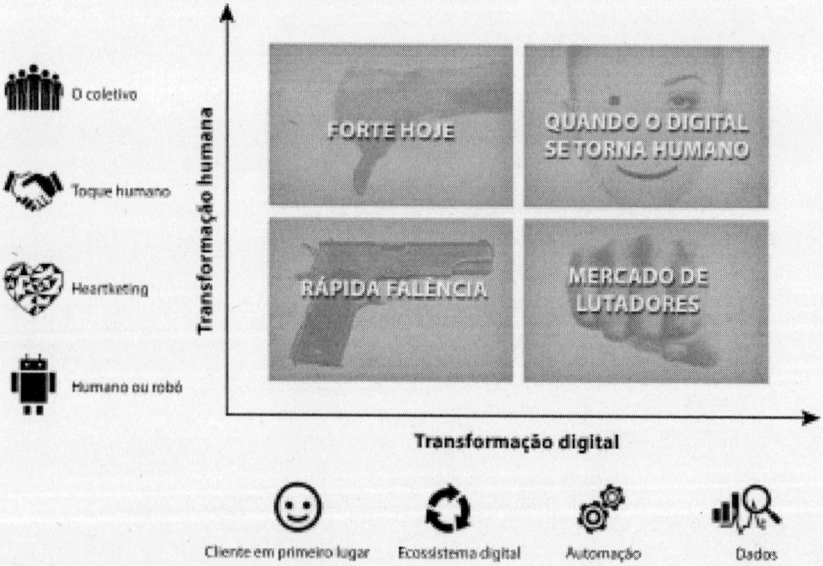

Figura 9.3 ***O quadrante final***

Quando o digital se torna humano: dois extremos que se complementam perfeitamente. O campo de tensão criado entre o mundo digital e o papel que as pessoas desempenham dentro desse mundo é fascinante. Este modelo final resume o desafio que todas as empresas do nosso mundo moderno enfrentam.

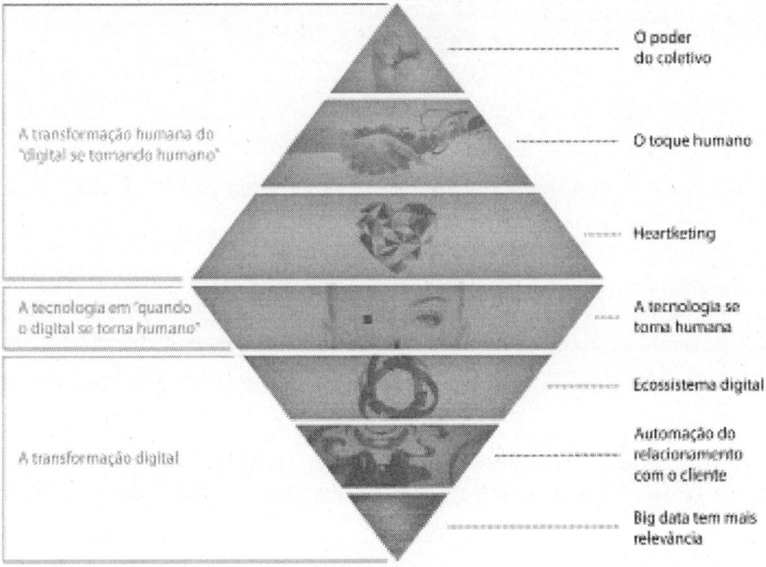

Figura 9.4 *Quando o digital se torna humano*

O importante é implementar a mudança digital – e rápido. O desenvolvimento de um ecossistema digital, a automatização da relação com o cliente, a formulação de uma estratégia de dados sólida e o desenvolvimento de uma estratégia digital consistente: todos esses são requisitos fundamentais e essenciais a curto prazo. Mas, no longo prazo, a automação e a digitalização não serão suficientes para diferenciar a sua empresa. Há necessidade de um componente adicional: a dimensão humana.

Essa dimensão se desenvolverá segundo duas linhas diferentes. Em primeiro lugar, a tecnologia assumirá cada vez mais os atuais elementos humanos na relação com o cliente. Esse é o lado tecnológico da equação "quando o digital se torna humano". Dentro de poucos anos será impossível dizer a diferença entre uma voz humana e uma voz artificial. Mas levará muitos anos (se acontecer) até que os computadores sejam capazes de criar um vínculo emocional. O lado tecnológico de "quando o digital se torna humano" não vai suficientemente longe para fazer a diferença.

O poder emocional limitado dos computadores significa que uma solução estratégica diferente precisa ser encontrada para dar à interface humana o impacto emocional que ela requer. Se as empresas querem injetar emoção nas suas relações com os clientes, no futuro próximo só há uma opção: essa emoção deve ser proporcionada por pessoas. Este é o lado humano da equação "quando o digital se torna humano". Colocar essa parte da equação em prática só pode ser através da filosofia do heartketing, melhorando ainda mais a interface humana e usando o poder da multidão.

CONCLUSÃO

A relação com o cliente do futuro será tanto digital como humana. No meu livro, quero enfatizar a importância de *ambas* as transformações. No momento, todos falam de digitalização, e há o risco de a importância estratégica do contato humano ser negligenciada.

Depois de ler este livro, espero que as empresas pensem cuidadosamente em cada aspecto da relação com o cliente, com o objetivo de se moverem mais propositadamente – e mais rapidamente – na direção do quadrante "quando o digital se torna humano". A evolução é necessária tanto no eixo digital como no humano.

Este livro pretende ser uma inspiração, não um manual. Ninguém sabe exatamente como será o futuro. Não é óbvio quais os novos elementos que serão acrescentados ao debate nos próximos meses e anos, mas uma coisa já é certa: apenas as empresas que têm mente aberta e capacidade de se adaptar rapidamente serão capazes de se transformar com sucesso – e sobreviver. Algumas olharão também para os novos desenvolvimentos de maneira defensiva. Outras vão reagir muito lentamente. Para essas empresas, o futuro é sombrio.

Todas as empresas enfrentam o mesmo desafio. Todos os indivíduos enfrentam o mesmo desafio. Devemos estar abertos às possibilidades da digitalização e preparados para mudar rápida e fundamentalmente em resposta a essas possibilidades. As expectativas que as empresas têm de seus funcionários mudarão de forma drástica durante a próxima década. Os empregos que serão mais procurados em 2025 provavelmente nem existem hoje. As pessoas que não estão dispostas a evoluir estarão em sérias dificuldades profissionais.

Manter nossa própria relevância e nossa própria posição no mundo profissional será um imenso desafio para todos nós nos próximos anos. Este livro foi escrito para ajudar os líderes da empresa a desenvolver uma estratégia de longo prazo para o futuro, mas também o escrevi para todos os que têm interesse no futuro das relações com os clientes. Quem quer que leia este livro e por qualquer razão, gostaria de fazer um pedido: depois de lê-lo, releia-o, mas com uma nova perspectiva e com esta questão crucial em mente: O que isso significa para *mim* como indivíduo?

Boa sorte!